PROGRAMAC

EN

OBJECTIVE-C

PROGRAMA PARA IPHONE Y MAC

Autor: Miguel Ángel G. Arias

ISBN: 978-1490472911

ÍNDICE DE CONTENIDOS

LA ESTRUCTURA DEL iOS

El Marco de iPhoneOS se divide en cuatro capas principales, como se muestra en la figura. Cada una de estas capas contiene una variedad de marcos que pueden tener acceso al SDK del iPhone para escribir programas. En general, es preferible una capa de alto nivel cuando se está codificando (las incluidas en la parte superior de la figura).

Cocoa Touch es el marco con el que debe familiarizarse. Contiene el marco **UIKit** y ahí es donde vamos a gastar más del 90% de este libro. El marco **UIKit** incluye soporte para ventanas, apoyo sobre eventos e interfaces de gestión de asistencia a los usuarios y les permite crear textos y páginas web. Sigue trabajando como su interrelación con el acelerómetro, cámara, biblioteca de fotos, e información específica para cada dispositivo.

Medios de comunicación Desde aquí puede acceder al audio principal y a los protocolos de vídeo incorporados en el iPhone. Hay cuatro tecnologías gráficas: OpenGL ES, EAGL (que conecta objetos OpenGL para su "ventana" nativa), cuarzo (que es un motor de gráficos vectoriales basadas en Apple), y Core Animation (que también se basa en cuarzo). Otros marcos de la nota incluyen Core Audio, Biblioteca Abierta de Audio y Media Player.

Core Services proporciona marcos utilizados en todas las aplicaciones. Muchos de ellos son los datos relacionados, tales como el marco de la libreta de direcciones interna. Core Services también incluye el marco de la Fundación crítico, que incluye las principales definiciones de los tipos de bases de datos orientadas a objetos de Apple, como las matrices y conjuntos.

Core OS incluye el kernel a nivel de software. Puede acceder a los archivos de redes, E / S y la memoria.

Una jerarquía de objetos de iPhone

Dentro de estos marcos estará capacitado para acceder a una gran cantidad de clases que se organizan en una jerarquía enorme. Verá muchas de estas clases que se utilizan a lo largo de este libro. En la figura a continuación muestran muchas de las clases que usaremos a lo largo de los distintos ejemplos, organizados en jerarquía. Ellos son sólo una fracción de lo que hay disponible. Como se muestra en la figura, los objetos que tienen una probabilidad más alta de uso se dividen en dos categorías generales.

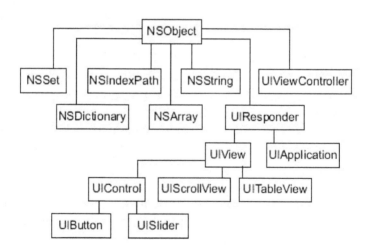

Clases de NS

Las clases **NS** vienen del marco Core Services Foundation, que contiene un gran número de tipos de datos fundamentales y otros objetos. Debe utilizar las clases fundamentales como **NSString** y **NSArray** siempre que pueda. Esto se debe a que tienden a hacer muy bien con los demás y con el marco **UIKit**, y por tanto es menos probable que encuentre errores extraños. Aunque no se muestra, **NSNumber** es otra clase que siempre se debe utilizar, en caso de ser su principal objeto numérico cuando está haciendo cualquier tipo de trabajo con números complejos. Se puede utilizar para mantener muchos tipos de valores numéricos, enteros, flotantes y más. Los objetos que pueden contener colecciones de valores son **NSArray** (una matriz numérica) y **NSDictionary** (una matriz asociativa).

Clases de IU

Estos provienen del marco **Cocoa Touch UIKit**. Incluye todos los objetos gráficos que se utilizan, y todas las características para el modelo de eventos de iPhone OS, muchos de ellos aparecen en **UIResponder**.

Ventanas y vistas

En cuanto a las clases de interfaz de usuario, el iPhone OS está profundamente arraigado en la idea de una interfaz gráfica de usuario. Así que vamos a terminar nuestra introducción de iPhone OS examinando algunas de las abstracciones clave en **UIKit**. Hay tres abstracciones principales: ventanas, vistas y controladores de vista. Una ventana es algo que lleva toda la pantalla del iPhone. Sólo hay una para su aplicación, y es el contenedor de todo lo que hay en la pantalla de su aplicación. Una vista es el contenido real que se muestra en la pantalla. Puede tener varias vistas, cada una referida a las diferentes partes de la ventana o hacer cosas diferentes en momentos diferentes. Todos son derivados de clase **UIView**. Sin embargo, no puede pensar en una vista como un recipiente vacío.

Prácticamente cualquier objeto que se utiliza desde el **UIKit** es una subclase de **UIView** que tiene un montón de comportamientos heredados de él mismo. Entre las principales subclases de **UIView** está **UIControls** con el que creamos botones, cursores, y otros elementos que los usuarios pueden manipular con su programa, y **UIScrollableViews**, que ofrecerá a los usuarios acceso a un texto que no puede aparecer más de una vez. Un controlador de vista hace lo que su nombre indica. Actúa como elemento de control del modelo **MVC** y las pantallas de gestión de procesos de texto, que se llama a veces por una vista. Este controlador se ocupa de los acontecimientos y de actualizar la vista. En este supuesto, compartimos los controladores de vista en dos tipos.

Controladores básicos **View**, que son aquellos que sólo gestionar pantallas de texto, como el controlador de barra de pestañas, mientras que los controladores avanzados de vista son los que permiten al usuario moverse entre varias páginas de texto, como el controlador y el controlador barra de navegación de la barra de pestañas. La siguiente figura muestra cómo estos tres tipos de objetos se interrelacionan.

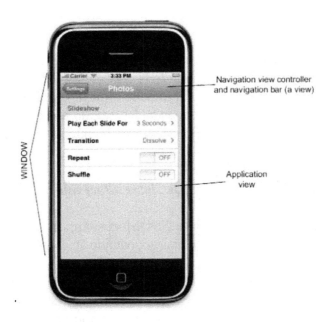

Ventanas, vistas y controladores de vista son en última instancia, parte de la jerarquía de vistas. Se trata de un árbol de objetos que comienzan con la ventana en su raíz. Un programa simple sólo puede tener una ventana con una vista sobre el mismo. La mayoría de los programas se iniciarán con una ventana, una vista y tal vez con el apoyo de controladores de vista adicionales.

El iPhone OS tiene una estructura de clase compleja y profunda. Dos de los más importantes son **NSObject** y **UIResponder**, que contiene muchos de los métodos y propiedades que se utilizarán a lo largo de su programación. Debido a la herencia, estas funciones pueden ser utilizados por varios objetos en iPhone OS.

Creación de Objetos

Hemos visto cómo definir las clases, pero como hemos dicho, a veces los detalles de cómo se crean instancias de objetos a partir de clases dependerá de la estructura de su marco. En iPhoneOS es **NSObject** el que define cómo funciona la creación de objetos. **NSObject** es una clase raíz y no tiene un superclase. Define un

Framework básico para objetos Objective-C e interactúa entre ellos.Tienes que conocer algunas interfaces diferentes que se utilizan para apoyar la creación del objeto, pero en última instancia se definen en dos pasos usando la clase de método **alloc** y la instancia de método **init**. El método **alloc** asigna memoria para el objeto y devuelve el objeto en sí. El método **init** establece algunas variables iniciales del método. Normalmente se crean a través de un solo mensaje anidado:

nuevoObjeto id = [[objetoDeClasse alloc] init];

El método **Alloc** de la clase **NSObject** siempre debe hacer lo correcto para usted. Sin embargo, cuando se escribe una nueva subclase que casi siempre hay que escribir un nuevo método **init**, porque allí es donde se definen las variables que hacen que su clase sea lo que es. A continuación, se muestra una configuración estándar para una **init**, que se muestra como parte de la implementación @.

```
- (id) init

{

    if (self = [super init] ) {

        (aquí creariamos la instancia al objeto)

    }

    return self;

}
```

Este código muestra todos los requisitos habituales de un método **init**. En primer lugar, llama a su método padre para comenzar la inicialización de clase habitual. A continuación, pone encima de cualquier variable de instancia que se desea crear. Finalmente, devuelve el objeto, por lo general con "auto retorno".

Este formato **Init** es sólo una de las muchas maneras que usted puede utilizar para crear objetos en iPhone OS.

Argumentos

A veces quieres enviar una discusión con un **init**. Usted puede hacer esto con una función de inicialización que se nombra en el formato **initWithArgument:**. Excepto por el hecho de que estará enviando un argumento que funciona exactamente igual que el código de inicio anterior. Veamos un ejemplo:

[[UITextView alloc] initWithArgument: Argumento];

Los métodos de arranque con argumentos le permiten crear objetos atípicos creados en la forma que usted elija. Son bastante comunes en **UIKit**. Un método de inicialización con un argumento que merece mención es el **initWithCoder:** este método se llama cuando se crea un objeto mediante el **Interface Builder,** por lo que es importante si quiere hacer estos objetos de configuración.

Crear Métodos de manera alternativa

Otro tipo de **init** es el método de fábrica. Este es creado por un mensaje que se parece mucho a la asignación de memoria para arrancar. Todos los métodos de fábrica se nombran con el formato **objecttypeWithArgument:**. Por ejemplo:

[UIButton buttonWithType: UIButtonTypeRoundedRect];

Los métodos de la fábrica de clase también tienen la ventaja de cuidar de la gestión de memoria por usted, que es el tema de nuestra próxima categoría de los métodos de iPhone OS.

Resumen de la Creación de Objetos

MÉTODO	CÓDIGO	RESUMEN
Simple	**[[object alloc] init];**	Inicializ

		ación básica
Argumento	**[[object alloc] initWithArgument:argument];**	Se inicializa con un o más argumentos pasados al método
Coder	**[[object alloc] initWithCoder:decoder];**	Se inicializa con un argumento usado por objetos del Interface Builder
Fábrica	**[object objecttypeWithArgument: argument]**	Único paso de inicialización con un argumento

Gestión de la memoria

El sistema operativo de iPhone OS tiene un recolector de basura. Esto significa que cada objeto que se crea, con el tiempo debe tener su memoria liberada, por lo menos si no tiene intención de tener una pérdida de memoria en su programa. La regla fundamental de la gestión de memoria en iPhone OS es la siguiente: si se asigna memoria para un objeto, debe liberarlo. Esto se hace a través de un mensaje de liberación, que es heredada de **NSObject**:

[Object release];

Usted envía este mensaje cuando ya no vaya a utilizar su objeto. Al hacer esto, esta realizando una buena programación. Tenga en cuenta que sólo se debe liberar la memoria si se ha asignado la memoria para él. Si miramos hacia atrás a los métodos de la clase de fábrica que hablamos en la sección anterior, verás que realmente no se asignaron memoria para ellos, lo que significa que no tienen que liberar memoria. En cambio, la clase de objeto que realmente ha hecho la creación, limpiará su memoria, esto es debido a que el sistema operativo sabe cuando termina de trabajar con el objeto creado. Esto se hace a través del **autorelease**.

La alternativa autorelease

Si usted es responsable de crear un objeto y lo pasa a algunas otras clases de uso, debe de hacer **AutoRelease** en el objeto antes de enviarlo. Esto se realiza con el método **autorelease**:

[Objeto autorelease];

En general, se va a enviar el mensaje **autorelease** antes de devolver el mismo objeto al final de un método. Cuando un objeto tiene un lanzador automático, es supervisado por una clase especial **NSAutoreleasePool**. El objeto se mantiene vivo por el alcance del método que llama y luego la **NSAutoreleasePool** realiza las liberaciones.

Retención y Conservar

Entonces, como tendremos que hacer si quisiéramos mantener un objeto que haya sido pasado por usted, y que va a sufrir un **autorelease**? En este caso, le enviaremos un mensaje **retain** (retener):

[objeto retain];

De esta manera, está diciendo que quiere que el objeto permanezca alrededor, pero ahora usted será el responsable de la gestión de la memoria: deberá enviar un mensaje de **release** en algún punto para mantener el equilibrio de la memoria.

Ahora, probablemente deberíamos volver y explicar la forma subyaciente en la que el iPhone OS genera la memoria de esos objetos. Lo hace a través del mantenimiento de un contador de objetos en uso. Por defecto, está puesto en 1. Cada mensaje **alloc** y **retain** incrementa el contador en 1, y cada mensaje de **release** reduce el contador en 1. Cuando el contador llega a 0, la memoria del objeto es liberada. Por lo tanto, toda la gestión de la memoria puede ser pensada como pares de mensajes. Si quiere equilibrar cada **alloc** y **retain** con un **release**, su objeto será eventualmente liberado cuando termine de usarlo.

Resumen de los Métodos de Gestión de la Memoria

METODO	DESCRIPCION
alloc	Es una parte de la rutina de la creación de un objeto, pero es el que actualmente aloja la memoria de un objeto
autorelease	Es un recurso para reducir el contador de memoria en 1, esto es mantenido por el NSAutoreleae
Release	Reduce el contador de memoria en 1
Retain	Incrementa el contador de memoria en 1

El Evento Respuesta

A continuación se muestra la última categoría de los métodos que se analizan para el iPhone OS, es el evento **response** (respuesta). A diferencia de la creación de objetos y de la gestión de memoria, vamos a resolver este problema rápidamente. Aunque el tema es tan importante, por ahora solo veremos un resumen.

Existen tres formas principales, que pueden aparecer en eventos del iPhone: a través de llamadas de eventos simples o acciones, a través de delegaciones de eventos o a través de notificaciones.

A pesar de que los métodos de todos nuestros ejemplos anteriores eran derivados de la clase **NSObject**, el evento **response** del iPhone viene del objeto **UIResponder**, en cuanto una notificación provee al **NSNotificationCenter**.

Necesitará preocuparse de como acceder al método **response** y a sus propiedades. Como el **UIResponder**, estos se heredan de la clase **UIKit**, pero el **NSNotificationCenter** exigirá un acceso especial.

ENTORNO DE DESARROLLO

Para comenzar a programar para iPhone, lo primero que tenemos que hacer es instalar el entorno de desarrollo. Ahí tendremos nuestro primer problema, ya que Apple, hasta ahora, sólo libera el SDK para el desarrollo para su sistema operativo Mac OS X, cuando en la actualidad la mayoría de equipos informáticos que existen se basan en el sistema operativo Windows. Pero, hoy en día existen técnicas que nos permiten instalar un Mac OS X en un PC estándar, incluso con procesadores AMD.

El iPhone SDK es un paquete para desarrollar aplicaciones para iPhone. El kit de desarrollo incluye una interfaz de edición, un simulador de iPhone, diversas herramientas para medir y mejorar el rendimiento de las aplicaciones y un entorno de programación llamado Xcode.

La instalación del SDK de iPhone se parece a la forma de instalar cualquier programa en un sistema operativo de Windows.

El desarrollo de los programas para iPhone le puede llevar horas o incluso días. Todo depende de lo que practique con el SDK. Por otra parte, hay que intentar que todas las aplicaciones tengan un buen rendimiento y que no pongan en peligro el rendimiento del iPhone.

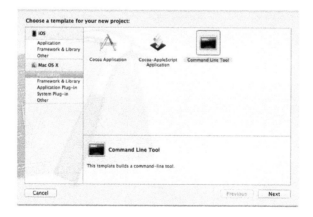

➢ La Estructura del SDK

Xcode, Dashcode e instrumentos son aplicaciones del SDK que ya estaban disponibles como parte de la biblioteca de desarrollo de Mac OS X, incluso antes de que el existiera el iPhone. Muchos de estos programas se han ampliado y revisado para su uso en el iPhone, ahora veremos un breve resumen de estas herramientas:

1. **Xcode** es el núcleo del entorno de desarrollo SDK. Aquí es donde se crean los proyectos, escribimos el código en un editor especial, compilamos y en general administramos las aplicaciones que creamos. Está optimizado para el lenguaje de programación Objective-C (un superconjunto de C, que veremos más adelante) y también puede analizar el código en C + +.

2. **Interface Builder** es una herramienta que le permite poner juntos los elementos gráficos de su programa, incluyendo ventanas y menús a través de un método rápido y fiable. Está perfectamente integrado con Xcode, también lo veremos con más detalle más adelante.

3. **iPhone Simulator** le permite ver una simulación de un iPhone en tu ordenador. Esto es de gran ayuda cuando se trabaja en aplicaciones nativas, ya que no es necesario tener un iPhone para probar el código.

4. **Instrumentos** es un programa que permite depurar de forma dinámica, localizar y personalizar el programa.

5. **Dashcode** es un entorno de desarrollo gráfico que se utiliza para crear aplicaciones basadas en web, programas que incorporan HTML, CSS y JavaScript.

Además de estas herramientas que hemos visto, también hay todo el conjunto de cabezales (headers) iPhone OS, una enorme colección de cabezas y los archivos de código fuente, todos escritos en Objective-C, lo que simplificará en gran medida su trabajo en programación.

Instalar el XCode

Xcode es el entorno de desarrollo integrado que proporciona todo lo necesario para el desarrollo de tu aplicación para iPhone: *Compilador LLVM de Apple*, *Interface Builder* y *Simulador iOS.*

- *Compliador LLVM:* compilador diseñado para compilar, enlazar y ejecutar nuestros programas escritos en Objective-C.

- *Interface Builder:* es la aplicación del entorno de programación para Mac OS X e iPhone OS que usaremos para hacer interfaces gráficas de usuario.

- *Simulador iOS:* permite simular las aplicaciones que diseñemos tanto en iPhone como en iPad.

Para descargar el software necesario para programar el iPhone, solamente tenemos que registrarnos en la opción gratuita. Para ello, vamos a la web de Apple: http://developer.apple.com/xcode y hacemos clic sobre iOS Dev Center

La opción de registro estará disponible al comienzo de la página

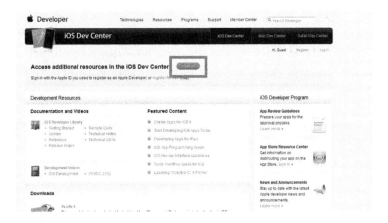

Haga clic sobre la opción de registro gratuito.

Sign in with your Apple ID

Use the Apple ID you used to register or register now.

Apple ID: |

Password:

[Register] [Sign In]

Forgot ID or Password?

Después de cubrir los correspondientes formularios, necesitará una cuenta en el Centro de desarrollo para acceder a la mayoría de las funciones disponibles, como vídeos y documentación, entre otros.

o   Instalar el SDK

El Xcode es el IDE oficial de desarrollo de Apple, en el Centro de Desarrollo podrá encontrarlo para descargarlo. El Xcode ya tiene incorporado todo lo necesario para el desarrollo de aplicaciones iOS.

Para descargar el Xcode, vamos a la página principal del iOS Dev Center. Entre con su usuario y contraseña, la página principal del iOS Dev Center aparecerá de distinta manera una vez se haya logueado. Ahora haga clic sobre la opción Downloads.

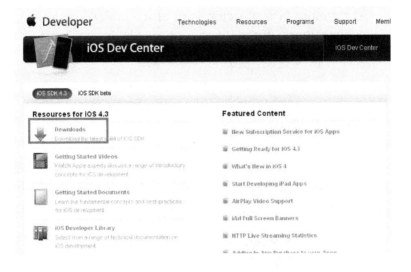

Ahora verá la zona de descargas, seleccione el paquete que usted necesite, y descárguelo.

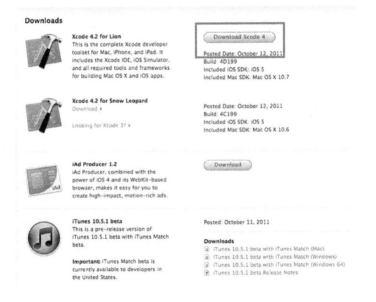

Después de la descarga, abra el **archivo.Dmg** que acaba de descargar y haga doble clic sobre el para iniciar la instalación del Xcode. Siga las instrucciones del instalador y deje todas las opciones de la instalación por defecto.

Al terminar la instalación verá el icono del Xcode en la carpeta de aplicaciones por defecto. Ya puede hacer doble sobre el y empezar a trabajar con el Xcode.

Introducción a XCODE

Para programa para Apple empezaremos com el XCODE, que es un entorno integrado de desarrollo (IDE), que puede ser llamado a partitr del directorio del desarrollador.

Para escribir programas para iPhone, deberá tener el SDK de iPhone. Una vez tengamos el SDK y el XCODE hacemos lo siguiente. Abrimos el XCODE y vamos a **Archivo → Nuevo Proyecto**, y se abrirá un asistente que le ayudará a crear su proyecto.

Se le pedirá inmediatamente que seleccione un modelo para su nuevo proyecto. El modelo que escoja, cargará el Framework por defecto, archivos por defecto, objetos por defecto y siempre el mismo código por defecto. Como podrá ver, es de una gran ayuda para comenzar un proyecto e incluir su propio código. Para su primer programa, empezaremos con un modelo más simple: Una aplicación basada en ventanas.

Después de seleccionar un modelo, necesitará también el nombre de su proyecto y tendrá que escoger una ruta donde guardarlo. Después de hacer esto, ya podrá empezar a programar. Pero antes, veremos un poco mejor como funciona el XCODE.

o   La Estructura de XCODE

Cuando arranque el XCODE, con apenas escribir en una ventana, ya podríamos tener nuestro primer proyecto helloword.

Como podrá ver, la ventana principal del Xcode tiene tres partes.

En la izquierda tiene una barra lateral que contiene una lista de todos los archivos que están siendo usados en uso proyecto, organizados por tipo. Siempre que necesite añadir frameworks, imágenes, bases de datos, u otros archivos para su proyecto, lo hará aquí. El panel izquierdo contiene también otros elementos útiles, sobretodo, el item **Errors and Warnings** (errores y Avisos), que podrá hacer en abrir para ver rápidamente los problemas en su compilación.

En la parte de arriba a la derecha verá un panel con una lista de archivos desagrupados usados por su proyecto. Cuando haga clic en uno de esos archivos, su contenido se mostrará en el panel inferior derecho. Como podrá ver, incluso el programa más pequeño tendrá incluidos más de media docena de archivos.

Veamos los tipos de archivos que son:

Archivo	Descripción
Project.app	Es la aplicación compilada.
*.frameword	Un Framework incluido por defecto como parte de su

	proyecto. Por defecto, todos los proyectos deben incluir la Foundation, dándole acceso a los objetos NS, UIKit, que acceden al UI, al CoreGraphics, dándole a diferentes funciones gráficas.
*.h	Es el archivo cabecera (header), normalmente contiene el @interface de una clase
*.m	Es el archivo de código fuente, normalmente contiene el @implementation para una clase
*.mm	Es el archivo de código fuente en C++.
project_Prefix.pch	Es un archivo de contenido especial con prefijos de encabezados que son importados para cada uno de los archivos de código fuente. Este es uno de los principales frameworks que son importados.
Info.plist	Es una lista de propiedades en XML. Contiene una serie de instrucciones para la compilación de su programa, de los cuales el más importante es probablemente la referencia para el archivo .xib utilizado en su programa

MainWindows.xib	Es un archivo del Interface Builder, pero normalmente es llamado como "nib" y es su conexión para el diseño gráfico de su programa que puede ser fácilmente utilizado para crear objetos visuales para su proyecto.

Compilación y ejecución en Xcode

Para compilar en Xcode, elija **Generar → Generar** y **ejecutar** en los menús. Su programa se compila y enlaza. A continuación, se instalará en el simulador de iPhone y el iPhone Simulator comenzará. Si lo intenta, mediante el proyecto que acaba de crear mediante la plantilla de aplicación basada en Windows, podrás ver todo el proceso, lo que resulta en una ventana vacía en la pantalla que se muestra en blanco dentro de su simulador de iPhone. Tenga en cuenta que los programas sólo existen en su iPhone Simulator, no se puede ejecutar directamente en su Macintosh. Si más adelante quisiera volver a ejecutar un programa que tuviera compilado, puede hacerlo de tres maneras. Puede simplemente hacer clic sobre el botón del programa, que debería aparecer ahora en su iPhone Simulator. O, puede seleccionar **Run → Run** dentro de Xcode. También puede seleccionar **Build and Go** en el Xcode, que solamente compila si fuera necesario, y seguidamente ejecuta su programa. Poco a poco vamos conociendo el Xcode, dentro de poco ya podrá a empezar a crear su primera aplicación.

La creación de un primer proyecto en Xcode: Hola Mundo

Como ya habrá visto, deberá iniciar cualquier proyecto, ejecutando **File → New Project**, seleccionando un modelo, y nombrando a su proyecto. Para nuestro primer proyecto de ejemplo, fueron seleccionados el modelo **Windows-Based Application**, y su nombre holamundo. Antes de que comience a escribir código, necesitará comprender lo básico, y por eso vamos a analizar el contenido de los archivos más importantes de nuestro modelo **Windows-Based Application**, que son: **main.m, holamundoAppDelegate.h,** y el **holamundoAppDelegate.m**.

Entendimiento main.m

El primer archivo creado por el Xcode es el **main.m**, que contiene su función principal:

```
int UIApplicationMain (
int argc,
char *argv[],
NSString *principalClassName,
NSString *delegateClassName
);
```

La creación de la rutina principal es automática, y generalmente no deberá perder el tiempo con él. Mientras tanto, veremos como funciona. La aplicación empieza con una directiva **#import**, que es el equivalente del Objective-C al **#include** de C#. Pero específicamente, incluirá el **UIKit** Framework, que el Framework más importante en Objetive-C.

Lo próximo a crear es el **NSAutoreleasePool**. Se tendrá que acordar de él, ya que fue mencionado en capítulos anteriores. Es el que da soporte al método **autorelease** de la clase **NSObject**. Fíjese también que libera el pool después de ejecutar su pedido principal de la rutina, siguiendo la regla de que, si se asigna memoria para un objeto, también tendrá que liberar la memoria de ese objeto.

La línea con el **UIApplicationMain** es la que crea su aplicación y ejecuta su ciclo de eventos. Los argumentos de la función se presentan como esto:

int UIApplicationMain (int argc,
char *argv[],
NSString *principalClassName,
NSString *delegateClassName
);

Tal como vimos con el resto del archivo **main.m**, nunca deberá que modificar este código, pero debemos hablar brevemente sobre los dos últimos argumentos aunque generalmente serán definidos por defecto como nulos.

El **principalClassName** define la clase principal de la aplicación, por defecto es una **UIApplication**. Esta categoría tiene una serie de acciones y controles de eventos para su programa. El objeto **UIApplication** es generado como parte de la rutina inicial, pero tenga en cuenta que no guarda relación con el objeto que se proporciona. Si necesita acceder a él, puede utilizar el método de la clase UIApplication para hacerlo:

[UIApplication sharedApplication];

Eso devolverá el objeto de la aplicación. Este será normalmente enviado como parte de un mensaje anidado **UIApplication** para un método, como verá más adelante.

La aplicación hará dos cosas: llamará al archivo **.xib** por defecto y interactuará con su **Application Delegate**. El **delegateClassName** define la aplicación del objeto delegado. Como ya vimos antes, este es el ejemplo que responde a algunos mensajes de la aplicación, tal como fue definido por el protocolo de la clase **UIApplicationDelegate**. Entre otras cosas, la aplicación debe responder y delegar el ciclo de vida de los mensajes, pero más específicamente, el **applicactionDidFinishLaunching:** que controla su programa en términos de contenido. En las plantillas del Xcode, sus archivos de clases **delegate** siempre tendrán el nombre del proyecto+**appdelegate**. Su programa irá a buscarlos, gracias a la propiedad **delegate** que es construída en el **Interface Builder**. Puede cambiar los argumentos enviados a **UIApplicationMain** y podrá añadir al archivo **main.m** otro comandos, pero normalmente no lo hará. Por defecto debe funcionar bien para todos los programas. Ahora, salimos del **main.m** y volvemos al archivo donde cualquier programador realmente comienza: el applicaction delegate.

Comprender el application delegate

Los objetos delegate actuan en nombre de/o en coordinación con otro objeto durante un evento. Un objeto se registra como delegate de otro e implementa métodos que serán llamados en la aparición de algún evento.

El **application delegate** es el responsable de responder a muchos de los mensajes de las aplicaciones. Puede consultar en la referencia de Apple y buscar por **UIApplicationDelegate** para ver la lista completa. Más específicamente, una **application delegate** debe de hacer lo siguiente:

> ➢ En el momento del lanzamiento, es necesario crear un objeto ventana y mostrarlo al usuario.
> ➢ Es necesario inicializar sus datos
> ➢ Es necesario responder al pedido de **quit**
> ➢ Es necesario negociar con las advertencias de la memoria baja.

De todas estas opciones, es la primera la que es de mayor importancia, por no decir, de extrema importancia. Sus archivos de **application delegate**, **holamundoAppDelegate.h** y **holamundoAppDelegate.m**, saben de esta manera que el programa comenzó su ejecución.

El encabezado del archivo

Ahora ya está usando clases realmente, que son el tipo de codificación de la que se compone la gran mayoría de los códigos en Objective-C, vamos a mostrar el contenido de su primer archivo de encabezado de clase, **holamundoAppDelegate.h**

```
@interface holamundoxcAppDelegate : NSObject
<UIApplicationDelegate> {
UIWindow *window;
}
@property (nonatomic, retain) IBOutlet UIWindow *window;
```

Nuevamente, no hay nada que cambiar aquí, solo queremos analizar el contenido, tanto para asentar algunos conceptos que aprendimos como para darle una buena base para un trabajo que haremos en el futuro. Primero, verá una línea **interface** que hereda sus delegaciones del **NSObject** e incluye una promesa de seguir el protocolo **UIApplicationDelegate**. En seguida, tiene una declaración de una variable de instancia al objeto **UIWindows**. Finalmente, declara esa variable **Window** como una propiedad. Se dará cuenta de que esta declaración, incluye algunos de los atributos que ya mencionamos anteriormente, como **retain**. Esta línea incluye también una declaración **IBOutlet**, que dice que el objeto fue realmente creado en el **Interface Builder**. Ahora ya tenemos un objeto **Window** preparado para su uso. Aunque no pueda modificar este archivo cabecera en este ejemplo, normalmente irá repitiendo estos patrones que ve aquí: crear más variables de instancia, incluyendo **IBOutlets**, y definirá más propiedades. También podrá declarar encabezados de métodos en este archivo, algo que este ejemplo no existe ningún encabezado.

El Archivo de código fuente

Ahora vamos a ver el archivo donde se muestra el código fuente de **application delegate**, que es el **holamundoAppDelegate.m**, y es aquí donde va a colocar su nuevo código:

```
#import "alomundoAppDelegate.h"

@implementation alomundoAppDelegate

@synthesize window;

- (void)applicationDidFinishLaunching:(UIApplication
*)application {
[window makeKeyAndVisible];

}
- (void)dealloc {
[window release];
[super dealloc];
}
@end
```

El código empieza con la inclusión del archivo de encabezado de la clase y un **@implementation**. Su propiedad **window**, también recibe una declaración @synthesize. Pero el método más importante es **applicationDidFinishingLaunching**. Como se acordará, ese es uno de los mensajes de ciclo de vida del iPhone OS de los que hablamos anteriormente. Siempre que una aplicación del iPhone estea totalmente cargada en la memoria, se va a enviar un mensaje **applicationDidFinishingLaunching:** a la aplicación delegada, durante la ejecución del método. Verá que ya existe un código para mostrar la venta que será creada

Para esta aplicación, usted añadirá su nuevo código para que esa misma rutina haga el objeto "Hola Mundo".

Escribir el código

Como verá el "Hola Mundo" no es tan fácil hacerlo aquí como con el comando **print** con una única declaración en C++, pero no es mucho más complicado, teniendo en cuenta con que usted está trabajando con un entorno más complejo que incluye un potente generador de interfaces gráficas con ventanas. Dentro del método

applicationDidFinishingLaunching: usted escribirá el siguiente código:

```
(void)applicationDidFinishLaunching:(UIApplication
*)application {
[window setBackgroundColor:[UIColor
redColor]];
CGRect textFieldFrame = CGRectMake(50, 50, 150,40);
UILabel *label = [[UILabel alloc]
initWithFrame:textFieldFrame];
label.textColor = [UIColor whiteColor];
label.backgroundColor = [UIColor redColor];
label.shadowColor = [UIColor blackColor];
label.font = [UIFont systemFontOfSize:24];
label.text = @"Hello, World!";
[window addSubview:label];
[window makeKeyAndVisible];
[label release];
}
```

En la ventana

El código empieza enviando un mensaje al objeto **window**, definiendo su fondo en color azul. Anteriormente, vimos que el **Interface Builder** fue quien creó la ventana. El **IBOutlet** que fue definido en el encabezado es el que permite hacer este tipo de manipulaciones. Déase cuenta que esta línea de código también hace uso de un mensaje anidado. Aquí, se hace una llamada para el objeto Bicolor y se solicita que le envíe el color rojo. En este libro, veremos un gran número de clases del **UIKit** sin especificar con mucha profundidad, porque los objetos más simples tienen todas las interfaces por defecto, la única complejidad son los mensajes que ellos aceptan. Si necesita más información sobre una clase en concreto, puede ver la guía de referencia de Apple.

Acerca de los Frames

Ahora definiremos donde irá colocado el texto. Para ello iniciamos el proceso usando **CGRectMake** para definir um rectángulo. Ahora trabajaremos con el **Canvas**, el **SDK** utiliza el grado como el origen (0,0) fijado en la parte superior izquierda. Su rectángulo se iniciará, 50 píxeles a la derecha y 50 píxeles para abajo (50, 50) a partir del orígen. El resto de esa línea de código define el rectángulo em 150 píxeles de largo y 40 píxeles de ancho, que es un espacio suficientemente amplio para poner su texto. Usted usará este rectángulo como si fuera un Frame, que es uno de los métodos que puede utilizar para definir una visión de la ubicación.

Acerca de las etiquetas

El label es una de las clases simples que Le permitirá escribir texto em la pantalla. Su label empezará con la propia creación del objeto label. Como puede ver, sigue el patrón de metodología de creación de objetos anidados. Primero usará un objeto de clase para asignar el objeto, y luego usaremos un método de instancia para inicializarla. Después de enviar una serie de mensajes para su objeto, esta vez utilizando el punto, lo he puesto así como una variación de la forma de como define la ventana el color de fondo. Pero si lo prefiere, puede utilizar el punto **window.backgroundColor**. Las dos maneras de acceder a las propiedades son equivalentes. Lo más importante de esos mensajes lo define el texto del label. También puede definir el tamaño de la fuente y algunos colores. Cada objeto que use a partir de un Framework va a tener propiedades, métodos y notificaciones diferentes y diversas de las que usted usará según sus ventajas.

Ejecución del Hello World!

Para compilar y ejecutar en el Xcode, seleccione **Build → Build and Run** dentro del menu, y ya tendrá su programa listo.

Ahora vamos a ver como interactuar con el usuario. Para ello vamos a construír una aplicación utilizando Interface Builder.

Limitaciones de la Plataforma

Cuando se habla de las plataformas móviles como el iPhone, surgen varias preocupaciones, como el almacenamiento, los limites de interacción, al igual que la duración de la bateria. Las plataformas móviles no pueden ofrecer el mismo espacio en disco que los equipos de escritório. Estos limites de almacenamiento, interfaces reducidas y simplificadas y el consumo energético restringen lo que usted como desarrollador puede crear.

Con el iPhone no es posible desarrollar aplicaciones pensando en uma gran pantalla, em un ratón, un teclado físico y que el dispositivo estea contínuamente conectado a la red eléctrica. Por ello, deberá ajustarse y orientar su desarrollo a la realidad de la plataforma. De todas maneras, Apple hizo un buen trabajo y desarrolló una nueva plataforma que incorpora la flexibilidad a partir de su conjunto de almacenamiento limitado, interacción limitada y un consumo energético limitado.

Límites de almacenamiento

El iPhone tiene instalado una poderosa version del Sistema Operativo OS X. Aunque el iPhone OS no tiene mucho más de unos cientos de megabytes de espacio, casi nada si lo comparamos con los equipos de hoy en dia, nos proporciona una extensa biblioteca de Frameworks.

Estos Frameworks de rutinas precompiladas del iPhone permite a los usuarios ejecutar uma amplia gama de aplicaciones, desde telefonia a la reproducción de áudio, pasando por la navegación web o los envíos de emails.

El iPhone ofrece soporte de programación para generar interfaces flexibles manteniendo sus archivos del sistema en tamaños reducidos para encajar perfectamente dentro de limites de almacenamiento reducidos

Límites de acceso a datos

Cada aplicación iPhone sufre un **sandbox**, nombre en Unix que se traduce como caja de arena, este procedimiento cierra la aplicación y los límites de acceso al dispositivo y sistema operativo. No se puede acceder al programa desde otras aplicaciones y carpetas determinadas, incluyendo la biblioteca interna iTunes. Sin embargo, puede acceder a los datos que están disponibles gratuitamente a través de Internet cuando el iPhone está conectado a una red.

Límites de memoria

Al hablar del iPhone, la gestión de memoria es crítica. El iPhone no es compatible con el **swap** para realizar la memoria virtual (creo que todo el mundo sabe lo que quiero decir.) Cuando su memoria se agota, se reinicia el iPhone. Probablemente reinicios aleatorios no son la mejor experiencia de usuario que estabas esperando. Sin **Swap**, deberá de gestionar cuidadosamente la memoria de su aplicación y deberá de estar preparado para el caso de que el iPhone OS finalice su aplicación por consumir mucha memoria. También deberá de tener cuidado en lo que respecta a los recursos del sistema. Muchas aplicaciones tienen imágenes de alta resolución y archivos de áudio pesados que pueden provocar que su aplicación se cierre automáticamente.

Límites de la Interacción

La sustitución de dispositivos físicos de entrada y el trabajar en una pantalla pequeña no significa que usted vaya a perder flexibilidad e interacción. Con multitouch, puede construir interfaces de usuario que desafían las reglas. La tecnología táctil de iPhone le permite crear aplicaciones completas con entradas de texto y anotaciones mediante un teclado virtual que es mucho mejor que teclado físico convencional. El auto-corrector inteligente y un acelerómetro que detecta la posición del dispositivo son sólo dos de las tecnologías clave que separan el iPhone del resto de la computación móvil.

Límites de potencia

Para las plataformas móviles, no se puede hacer caso omiso de las limitaciones de energía. Sabiendo esto, las características del SDK de Apple le ayudar a crear sus aplicaciones mediante la limitación de la utilización de la CPU, evitando así el uso continuo de la batería. El uso inteligente de la tecnología permite que sus aplicaciones se ejecuten bien en el iPhone y evita que el software consuma toda la energía el dispositivo. Algunos programas, cuando se dejan en funcionamiento, producen altos niveles de calor residual que hace que el teléfono se caliente al tacto y que la batería se agote mucho más rápido. La cámara es un ejemplo sobre el alto consumo del software el el iPhone OS.

Límites de la aplicación

Apple ha establecido una directiva de "una aplicación a la vez." Lo que significa que un programador no puede desarrollar aplicaciones que se ejecutan en segundo plano, como el correo electrónico y los servicios telefónicos. Cada vez que el programa se ejecuta, tiene que limpiar y metafóricamente salir del control antes de pasar a la siguiente aplicación seleccionada por el usuario. No podemos dejar que se ejecute un demonio que comprueba si hay mensajes nuevos y los envía o realizar actualizaciones periódicamente.

Por otra parte, **WebServices** soporta el envío de datos a través de Internet, y puede enviar y recibir mensajes de las aplicaciones.

Ahora que conocemos las limitaciones vamos a hacer nuestra primera aplicación usando el **Interface Builder.**

Manejo de Interacciones

Nuestra aplicación "Hello World!" Fue una buena introducción al desarrollo en iPhone con **Cocoa Touch**, pero no tiene una habilidad crucial: La capacidad de interactuar con el usuario. Sin ella, nuestra aplicación es muy limitada en términos de su alcance.

Ahora vamos a escribir una aplicación un poco más complejo, con dos botones y una etiqueta como se muestra en la siguiente figura. Cuando el usuario toca la etiqueta del botón cambiará el mensaje. Esto es un ejemplo simple, pero nos servirá para demostrar el concepto básico para manipular los controles en las aplicaciones del iPhone.

El paradigma MVC

Antes de empezar, necesitamos un poco de teoría. Los diseñadores de Cocoa Touch se guiaron por un concepto denominado **Modelo-Vista-Controlador (MVC)**, que es la forma más lógica de dividir el código de la interfaz gráfica de usuario. Hoy en día todos los Framework se basan en la lógica **MVC**, pero ninguno lo hace como Cocoa Touch. Se usa para volver los objetos más reutilizables, volviendo su código más extensible y más sensible a los cambios

El modelo MVC divide toda la funcionalidad en tres categorías distintas:

- **Modelo**:

  - Son las clases de la aplicación que acceden a datos
  - Representan el conocimiento
  - Encapsulan datos importantes.
  - Tienden a ser Reutilizables
  - No tienen conexión directo con la inferfaz de usuario

- **Vista**:

  - contiene las ventanas, controles y otros elementos con los que el usuario puede interactuar
  - Presentan información para el usuario
  - Permite la edición de los datos (Models)
  - No puede ser responsable de grabar datos.
  - Puede usar cache para performance
  - Puede mostrar parte de uno o varios modelos
  - Tiene que ser avisada de los cambios en el modelo

- **Controlador**:

  - une el modelo con la vista y es parte de la lógica de aplicación que decide cómo manejar la entrada del usuario.
  - Hace de intermediario entre las views y los models

- Configura y coordina acciones del usuario
- Gestiona el ciclo de vida de los objetos
- Model notifica que fue modificado y el controller notifica a views para que se modifique

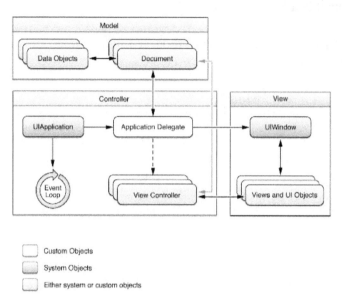

El objetivo en **MVC** es hacer que los objetos que implementan estos tres tipos de código sean diferentes entre sí tanto como sea posible. Cualquier objeto que escriba tendrá que ser identificado en una de estas tres categorías, con poca o ninguna funcionalidad y que al hacerlo estas, queden clasificadas en los otros dos.

En un objeto que implementa un botón, por ejemplo, no debe contener código para procesar los datos cuando se pulsa este botón, y el código que implementa una cuenta bancaria no debería mostrar la tabla de la transacción.

El **MVC** ayuda a obtener la máxima reutilización. Una clase que implementa un botón genérico puede ser utilizado en cualquier aplicación. Una clase que implementa un botón que hace un cálculo particular puede ser utilizado en la aplicación para la que fue desarrollado originalmente.

Al escribir aplicaciones Cocoa Touch, primero creará componentes de Vista utilizando el **Interface Builder**, también podrá modificar su interfaz con el código, o podrá instanciar vistas y controles existentes.

Su modelo es creado por las clases de Objective-C que usted desarrolla y que son específicos de su aplicación. Pero no vamos a crear ningún modelo de objetos en este libro, ya que no es necesario guardar o conservar los datos, pero vamos a introducir objetos de modelo cuando nuestra aplicación se hace más complejas más adelante.

Su componente controlador estará típicamente en las clases que se crean y que son específicos de su aplicación. Los controladores pueden ser totalmente personalizados, pero ofrecen más, pueden ser instancias de las clase tanto del framework **UIKit** como del **UIViewController**. Instanciando estas clases existentes, obtendrá una gran cantidad de funciones gratuitas que harán que no tenga que perder tiempo reinventando la rueda, como dice el dicho popular.

Cuando nos adentramos en Cocoa Touch, empezaremos a ver cómo las clases del framework **UIKit** sigue los principios del **MVC**. Si usted mete este concepto en su cabeza de programador, mejorará su código y verá que es más fácil de mantener.

La creación de nuestro proyecto MVC

Esta vez para crear nuestro proyecto de Xcode vamos a utilizar una plantilla diferente: **view-based application** (Vista basada en la aplicación). Vamos a pasar a crear nuestro proyecto, guárdelo con el nombre de **Button_Fun**. Si tiene algún problema para crear el proyecto, haga referencia al procedimiento anteriormente visto en este libro.

Es probable que recuerde que el proyecto fue creado con algunas clases para nosotros. Encontrará las mismas clases en este proyecto, sólo que los nombres que estarán un poco diferentes debido a que los nombres de las clases se basan en el nombre del proyecto.

- Crear el controlador de vista

Un poco más adelante, veremos como dibujar una vista, o interfaz de usuario, para nuestra aplicación utilizando el **Interface Builder**, como hemos dicho anteriormente. Pero antes, vamos a echar un vistazo y hacer algunos cambios en el código que se ha creado automáticamente para nosotros.

Antes de hacer los cambios, vamos a echar un vistazo a los archivos que se han creado para nosotros. En la ventana de proyectos, expanda la carpeta de clases para que se puedan ver los cuatro archivos en su interior. Como podemos ver en la siguiente imagen:

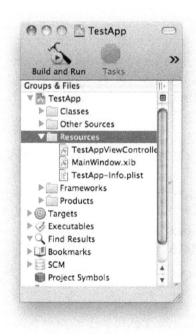

Estos cuatro archivos implementar dos clases, cada una contiene un archivo **.m** y otro **.h**. La aplicación que se va a crear, sólo tiene una vista, y la clase del controlador que se encarga de la gestión se llama **Click Button_FunxiewController** en **Button_FunViewController.h**, como podemos ver a continuación:

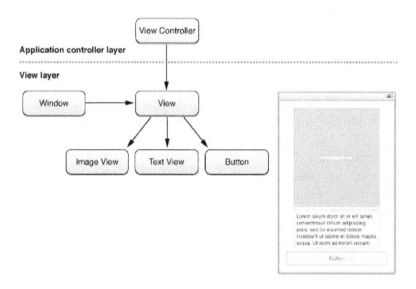

 # Import <UIKit/UIKit.h>
@ Interface Button_FunxiewController: UIViewController {

}
@ End

Éste es una estrofa del **UIViewController**, que es una clase de controles genéricos que hemos mencionado anteriormente. Él es parte de **UIKit** y nos da una gama de funciones de forma gratuita. El Xcode no sabe que funcionalidad específica podrá hacer nuestra aplicación, sólo sabe que va a hacer algo, entonces se crea esta clase genérica para esta funcionalidad genérica.

Nuestro programa consta de dos botones y un cuadro de texto que le indica que botón hemos pulsado. Estos tres elementos los crearemos con el **Interface Builder**. Ya que también va a escribir código, deberá tener alguna manera de interactuar con su código para interactuar con los elementos creados en **Interface Builder.**

Nuestra clase controlador puede hacer referencia a objetos del **Interface Builder** utilizando una parte especial de las variables de instancia llamada "**Outlet**". Piense en el outlet como un puntero que apunta a un objeto nib. Por ejemplo, suponga que crea un cuadro de texto en el **Interface Builder** y desea llamar a este cuadro de texto en el código. Para declarar un **outlet** para el objeto de etiqueta, debe utilizar el outlet dentro de su código para cambiar el objeto etiqueta.

Llendo en otra dirección, los objetos de interfaz en nuestro archivo "punta" puede ser configurado para llamar a métodos especiales en nuestra clase controlador. Sin embargo, estos métodos son conocidos como métodos de acción especial "**Action**". Por ejemplo, puede decirle al **Interface Builder** que cuando el usuario toca el botón, un método específico del código debe ser llamado.

Nuestro siguiente ejemplo asignará dos botones y una etiqueta.

En nuestro código, vamos a crear un **outlet** que apunta a la etiqueta, y este **outlet** le permitirá cambiar el texto de la etiqueta. También crearemos un método llamado **buttonPressed**: que se activará cuando uno de los dos botones sean pulsados. **buttonPressed**: se establecerá con la propiedad **text** de la etiqueta que indica al usuario que botón ha sido presionado.

Utilizaremos el **Interface Builder** para crear botones y la etiqueta, y luego vamos a hacer un par de clics y arrastrar y soltar para conectar la etiqueta a nuestra etiqueta **Outlet** y nuestros botones a nuestra acción **buttonPressed**.

Pero antes de ver el código, daremos un poco más de detalle sobre las salidas (**outlets**) y las acciones (**Actions**).

Outlets

Outlet son variables de instancia y se declaran con la palabra clave **IBOutlet**. Se configura através del Interface Builder. La declaración de una salida es una se hace en el archivo de cabecera de su controlador .H y se parece al siguiente código. Las variables son inicializadas durante la ejecución:

*IBOutlet UIButton * myButton;*

La palabra clave **IBOutlet** se define de la siguiente manera:

 # Ifndef IBOutlet
 # Definir IBOutlet
 # Endif

IBOutlet no hace absolutamente nada en el compilador en el que está involucrado. Eso está hecho a propósito para que actúe como una pista para el **Inteface Builder**, que se trata de una variable de instancia que se va a conectar a un objeto en una punta. Cualquier variable de instancia que desea crear y conectarse a un objeto en el archivo **nib** debe ir precedida de un **IBOutlet**. Cuando abre el **Interface Builder**, buscará sus archivos de encabezado del proyecto la aparición de la palabra que le permitirá hacer conexiones de su código para su variable **nib** equivalente. En un momento veremos como establecer una conexión entre un **Outlet** y un objeto de **interface** con el **Interface Builder**.

Acciones

Las acciones son métodos que son parte de la clase del controlador. También se declaran con la palabra clave especial **IBAction**, que atraviesa el **Interface Builder** que este método es una acción y puede ser activado por un control. Por lo general, la declaración de un método de acción se verá así:

- (IBAction) hazAlgunaCosa: (id)sender;

El nombre del método actual puede ser el que quieras, pero debe devolver un tipo de **IBAction**, que es lo mismo que declarar un tipo de retorno **void**. Esta es otra manera de decir que el método de acción no devuelve ningún valor. Por lo general, el método de acción recogerá un argumento, y normalmente se define como **id** y también asignará el nombre de quién lo solicitó (remitente). El control que provoca su acción usará el argumento "remitente" (**sender**) para pasar la referencia del mismo. Por ejemplo, si su método **Action** fue llamado por el resultado de un toque en el botón, el argumento "remitente" deberá contener la referencia para el botón específico que fue pulsado.

Como se puede ver, nuestro programa usará el argumento del remitente para establecer el texto de la etiqueta a la izquierda y la derecha, según el botón que pulse. Si usted no necesita saber que control llamó a su método, también puede establecer el método **Action** sin un parámetro "remitente". Debe tener un aspecto como este:

- (IBAction) hazAlgunaCosa;

Usted no tiene que preocuparse si se declara un método **Action** con un argumento "remitente" e ignorar el "remitente". Los métodos **Action** de Cocoa aceptan el remitente si están siendo usados o no.

Añadir Action y Outlets a su controlador de vista

Ahora que usted sabe lo que son los **Outlets** y las acciones, vamos al encabezado para añadir cada una de nuestras clases de control. Necesitamos un **Outlet** para poder cambiar la etiqueta. No vamos a cambiar nada en los botones, no necesitaremos de salida para ellos.

Vamos a declarar un único método **Action** que será llamado para los dos botones. Cuando los métodos **Action** son llamados por un único control, puede utilizar una única acción para manejar entradas de múltiples controles, que es lo que estamos haciendo aquí. Nuestra acción será obtener el nombre de Bután y ponerlo en el argumento remitente y utilizar el **Outlet** para insertar el nombre del botón en la propiedad "**text**" de la etiqueta.

Ahora vamos a añadir el siguiente código en
Button_FunViewController.h:

Nota: Lo que tienes en negrita es lo que se va a agregar.

 # Import <UIKit/UIKit.h>
@ Interface Button_FunxiewController: UIViewController {

IBOutlet UILabel * statusText;
}
@ Property (retain, nonatomic) UILabel * statusText;

- (IBAction) buttonPressed: (id)sender;
@ End

Si usted trabaja con Objective-C 2.0, probablemente esté familiarizado con la declaración **@property**, pero si no, esta línea de código puede ser intimidante. No temas: las propiedades en Objective-C son realmente simples, como veremos a continuación.

Propiedades en Objective-C

Habitualmente los métodos de acceso a las propiedades de objeto son un par de **getters** y **setters**. Las propiedades ofrecen:

Una especificación explícita de cómo los métodos de acceso se comportan.

El compilador puede crear esos métodos

Las propiedades son identificadas sintácticamente, el compilador las detecta en caso de que existan

Declaración de propiedades

Usando la diretiva **@property:**

@property (attributes) type name;

@interface MyClass : NSObject

@property flota value;

@end

// es equivalente a:

- (float)value;

- (void)setValue:(float)newValue;

Implementación de las propiedades

Para ello usaremos **@synthesize** o **@dynamic** en el bloque **@implementation:**

@interface MyClass : NSObject

@property(copy, readwrite) NSString *value;

@end

@implementation MyClass

@synthesize value = _value;

@end

Antes de que la declaración de @**property** haya sido añadido en el Objetive-C, los programadores tradicionalmente definían pares de métodos para asignar y recuperar valores para cada variable de una estrofa de clase. Estos métodos se denominan de acceso (**getters**) y mutadores (**setters**), y se pueden definir así:

```
  - (Id) foo
{
return foo:
}

  - (Void) setFoo: (id) _foo
{

  if (_foo! = foo)
{

  [_foo Retain];
[Foo Release];
foo = _foo;
}

}
```

Siendo esta representación perfectamente válida, la declaración **@property** permite que decir adios al tedioso proceso de creación de métodos de acceso y mutadores, si usted lo ve necesario. El **@property** no trabaja solo, combinado con otra declaración en el archivo de implementación (**@synthesize**), dirá al compilador como crear los métodos getter y setter en tiempo de complilación. Usted tendrá que declarar una variable de instancia como hicimos aqui, pero no necesitará definir el accesor ni el mutador.

En nuestra declaración, **@property** llaman algunos atributos opcionales, separados por paréntesis. Este punto define cómo será creado por el compilador los accesores y mutadores. Los dos que usted verá aquí serán utilizados cuando definamos las propiedades en el aplicación iPhone.

*@ Property (retain, nonatomic) UILabel * statusText;*

El primer atributo, **retain** (retener), le dice al compilador que envíe un mensaje retener para el objeto que está firmando la propiedad. Esto dejará a la variable de instancia con una marca que acceda directamente desde la memoria cuando lo necesitamos. Esto es necesario debido a que el comportamiento por defecto (**assign**) está diseñado para ser utilizado con el recolector de basura, una característica de Objective-C que actualmente no se está implementando en el iPhone OS. Como resultado, si se define una propiedad que es un objeto, como un entero, debe generar un **retain** específico en el atributo opcional. Poniendo un "*@Property (retain*" al declarar la propiedad a un **int**, **float** u otro tipo de dato **raw**, usted no necesitará especificar ningún atributo especial.

El segundo de nuestros atributos opcionales, **nonatomic**, cambia la forma en que se generan los métodos de acceso y mutadores. Sin ser demasiado técnico, permítanme decir que, por defecto, estos métodos se crean con algún código adicional que ayuda a la hora de escribir programas multihilo (**multitread**). Este código adicional, aunque pequeño, es innecesario cuando se declara un puntero para un objeto de la interfaz de usuario, entonces, la declaramos **nonatomic** para ahorrar algunos ciclos de procesador. Habrá veces que usted no querrá especificar un **nonatomic** para una propiedad. Como regla general, se especifica este atributo en la mayoría de los casos que están escribiendo aplicaciones para el iPhone.

Las propiedades en Objective-C tiene otra característica interesante. Introducen el uso de la notación de punto para el lenguaje. Tradicionalmente, para utilizar un método de acceso, debe enviar un mensaje al objeto, como este:

myVar = [algunObjeto foo];

Este enfoque funciona correctamente. Sin embargo, cuando se establece una propiedad, usted también tiene la opción de utilizar la notación de puntos, similar al que se usa en Java, C + + y C #, como vemos a continuación:

myVar = algunObjeto.foo;

Estas dos representaciones son idénticas para el compilador. Use la que le sea más cómoda. La notación de punto también trabaja con mutador:

algunObjeto.foo myVar =;

Es idéntica a:

[AlgunObjeto setFoo: myVar];

Añadir Outlet y Action al archivo implementation

Después de haber cambiado el encabezado de la clase controlador, guárdelo y que solo un cliente en el archivo de clase de implementación, **Button_FunViewController.m.**

*@property (retain, nonatomic) UILabel *statusText;*

EJEMPLO BÁSICO DE UNA APLICACIÓN CON GCC

Mi primer programa: clases, objetos y métodos

Ahora vamos a implementar un programa básico usando conceptos de programación orientada a programas objetos. En Objective-C hay cuatro partes bien definidas. Las primeras directrices sets para el preprocesador, el segundo define las clases y métodos, a los instrumentos tercero y cuarto de los métodos es el programa en sí. Posteriormente se mostrará cómo cada pieza puede estar almacenada en un archivo separado, facilitando la organización del programa en sí.

Para mayor comodidad, podemos empezar a leer el siguiente programa que define nuestra primera clase, el Perro. Este animal, implementará una clase "Perro", que tiene un método llamado "guau" que sólo sirve para escribir "Guau…Guau" en la pantalla. Aquí está el código:

miPerro.m

/ / directivas del preprocesador – PRIMERA PARTE-

 # Importar <stdio.h>

 # Importar <objc/Object.h>

/ / definición de interfaces –SEGUNDA PARTE-

@ Perro Interface: Objet

- (Void) ladrido;

@ End

```
// implementaciones de los métodos –TERCERA PARTE-

Perro @ implementation

- (Void) guau

{

    printf ("Guau…Guau");

}


@ End


// El programa comienza aquí –CUARTA PARTE-

int main (int argc, const char * argv [])

{

    * Perro miPerro;


    miPerro = [Perro alloc];

    miPerro = [Perro init];


    [miPerro ladrido];

    [miPerro free];
```

```
        return 0;

    }
```

Todas las líneas que comienzan con "/ /" son líneas de comentario. Estos son ignorados y se utilizan para documentar un programa, lo que facilita su comprensión.

Las líneas que comienzan con "#" son directivas del preprocesador. En el programa anterior usamos "# **import** <...>", que indica al compilador que localice, procese e informe sobre la importación de archivos **stdio.h** y **objc / Object.h** ambos archivos del sistema. Estos archivos contienen información acerca de la rutina **printf** y clase **Object**, que se utilizaron en nuestro programa.

La segunda parte del programa es definir las clases y sus interfaces. Cuando se define una nueva clase es necesario indicar al compilador algunas cosas. Lo primero de las clases está hablando de que clase es, o quien es su superclase. Lo usamos para la **@ interface**, cuyo formato general es:

@ Interface NuevaClase: superclase

{

Declaración de Variables;

}

Declaración de Métodos

@ End

En nuestro programa hemos definido la clase "**Perro**", que por ahora no tiene variables y el método único, "**guau**". Este método es una instancia de la clase "**Perro**" por eso su declaración comienza con el símbolo "**-**". También podríamos crear un método de la clase en sí "**Perro**" con el símbolo "**+**", por ejemplo, contar el número de perros que se crearon en el programa.

Después del signo "**-**" tenemos la declaración entre paréntesis del método que devolverá, en este caso, "**void**", indica que no devuelve nada. Por último tenemos el nombre del método.

La tercera parte del archivo es la aplicación de métodos de clase. En él se definen los métodos, es decir, contiene su código, se indica en la parte "**@ interface**". El formato es:

@ Interface NuevaClase

Definición de Métodos;

@ End

La definición de un método no es más que una declaración sin el ";" seguido por el código, que está encerrado entre llaves "**{**" y "**}**". En nuestro programa, el método "guau" es el código definido por una biblioteca de instrucción "**stdio.h**" que llama a "**printf**" que sirve para mostrar los caracteres en la pantalla.

La cuarta y última parte del archivo es el programa en sí. Esta parte contiene una rutina llamada "**main**" que indica con precisión dónde debe empezar el programa su ejecución. Se inicia con la palabra "**int**", lo que indica que "**main**" debe devolver un valor entero en el sistema cuando termine de ejecutarse. Las palabras que aparecen entre paréntesis "**()**" se utilizan para hacer frente a los argumentos pasados desde la línea de comandos.

La primera línea de la rutina **main** define una variable llamada "**miPerro**", diciendo que "**miPerro**" es un objeto que contendrá los valores de la clase "**Perro**". El asterisco dice "**miPerro**" es un puntero a un "**Perro**".

En la segunda fila, se asigna el espacio de memoria para "**miPerro**", y la tercera inicializar las variables que pueden estar dentro de "**miPerro**". Tenga en cuenta que la segunda línea pasa un mensaje a la clase de "**Perro**", mientras que en el tercero, el mensaje se envía a la instancia "**miPerro**". Los métodos **alloc** y **init** no fueron escritos por usted, pero podemos usarlos como si fueran definidos por la clase **Object**, que es la superclase de "**Perro**".

En la cuarta línea se pasa un mensaje al objeto "**miPerro**", diciéndole a ladrar, es decir, ejecutar el método "**guau**" que hemos implementado.

En la quinta fila se pasa un mensaje a "**miPerro**", diciendo que ya no será necesario, y podemos liberar la memoria que estaba reservado para él.

En la sexta fila se especifica el valor que el programa debe devolver al sistema, en la que 0, indica que todo ha ido bien.

Veamos finalmente compilar y ejecutar nuestro programa. Para generar el ejecutable debe utilizar un compilador **gcc**, lo ejecutaremos con el siguiente comando:

gcc miPerro.m lo miPerro-l objc

Al ejecutar el programa "**miPerro**" veremos por pantalla lo siguiente:

Guau…Guau

Un perro con más opciones

Ahora vamos a crear un programa **miPerro** un poco más elaborado. Los perros poseen ciertas características, como el color del pelo, tamaño, peso, etc. En el siguiente programa se implementará el peso, así como funciones para definirlo, lo que nos llevará a la tarea de implementar otras características.

```
/ / directivas del preprocesador    –PRIMERA PARTE-

# Import <stdio.h>

# Import <objc/Object.h>


/ / definición de interfaces   -SEGUNDA PARTE-

@ Perro Interfaz: Objeto

{

    peso double;

}


- (Void) ladrido;

- (Void) setPeso: (double) p;

- (Double) getPeso;


@ End


/ / implementaciones de los métodos   - TERCERA PARTE -

Perro @ implementation
```

```
- (Void) guau

{

    printf ("Guau...Guau");

}


- (Void) setPeso: (double) p

{

    p = peso;

}


- (Doble) getPeso

{

    return peso;

}


@ End


/ / El programa comienza aquí

int main (int argc, const char * argv [])
```

```
{

    * Perro miPerro;

    * Perro miPerro2;


    miPerro = [[Perro alloc] init];

    miPerro2 = [[Perro alloc] init];


    [miPerro setPeso: 4,2];

    [miPerro2 setPeso: 4,9];

    [miPerro ladrido];

    [miPerro2 ladrido];

    printf ("miPerro peso: kg% lf \ n", [miPerro getPeso]);

    printf ("miPerro2 peso: kg% lf \ n", [miPerro2
getPeso]);


    [miPerro free];

    [miPerro2 free];


    return 0;

}
```

El primer punto del programa anterior son las declaraciones de los métodos "**setPeso**" y "**getPeso**". El primero recibe un valor real de tipo **double**, y la segunda devuelve un valor de tipo **double**. Estamos dispuestos a establecer una forma general de declaración de métodos:

tipo_de_método (tipo_de_retorno_de_método) nombre_de_método: (argtype) argumento;

ejemplo de método de clase:

+ (Int) cuantosPerros;

El ejemplo de método de instancia sería:

- (Void) setPeso: (double) p;

En las implementaciones de despliegue tienen "**setPeso**" y "**getPeso**".

En la rutina "**main**" observamos que estamos creando dos perros diferentes. El primero de 4.2kg de peso y el segundo de 4,9 kg de peso. Debemos tener en cuenta que, a diferencia del programa original, se está asignando memoria y se está inicializando "**miPerro**" al mismo tiempo. Esta construcción se utiliza a menudo junto con la alternativa siguiente:

Perro miPerro * = [[Perro alloc] init];

También podemos observar en la rutina "**main**" como pasar argumentos al objeto "**miPerro**" con el método **setPeso**. O también la forma de obtener el valor de una característica de "**miPerro**" con el método "**getPeso**" e imprimirlo en la pantalla con el "**printf**".

La salida debería de ser así:

Guau…Guau

Guau…Guau

miPerro pesa: 4.200000 kg

miPerro2 pesa: 4,900000 kg

Acerca de las clases, objetos, métodos

En la sección anterior vimos cómo pasar un argumento a un método. Sin embargo, a menudo es deseable ser capaz de pasar más de un argumento a la vez, por ejemplo para definir la posición (x, y) de un punto en R2. Afortunadamente, existe un tipo de construcción que nos permite hacerlo:

- (Type) Nombre: (tipo) Nombre de variable: (tipo) variable;

El ejemplo, un método para definir las posiciones de un punto en R2:

- (Void) setX: (double) x andy: (double) y;

pasar el mensaje:

[Objet setX: andy 1511: 2332];

Generalmente, es útil disponer de métodos para establecer cada argumento por separado, aunque existen métodos para definir varios argumentos a la vez.

Un método también puede devolver un objeto. Por ejemplo, podríamos poner en práctica un método de instancia en la clase "**Perro**" para definir la reproducción sexual. Para eso debemos de tener dos instancias de la clase "**Perro**" **alloc** e **init**, una para recibir y otra para que el mensaje sea el objeto a ser recibido como argumento del mensaje. También tenemos un objeto de tipo "**perro**", que almacena el hijo del perro. Siga la definición del método "**play**":

\<nuevo método\>

- (Perro *) play: (Perro *) Perro2

{

    / / Creamos un perrito con el peso medio de los padres

    Perro perrito = * [[Perro alloc] init];

    pesoPerrito double;

    pesoPerrito = (w + [Perro2 getPeso]) / 2;

    [Kitten setPeso: pesoPerrito];

    Return Perrito;

}

\<nuevo main\>

int main (int argc, const char * argv [])

```
{
    Perro miPerro * = [[Perro alloc] init];

    Perro miPerro2 * = [[Perro alloc] init];

    * Perro miPerroHijo;


    [miPerro setPeso: 4,2];

    [miPerro2 setPeso: 4,9];

    [miPerro ladrido];

    [miPerro2 ladrido];


    miPerroHijo = [miPerro juego: miPerro2];

    [miPerroHijo ladrido];


    printf ("miPerro peso: kg% lf \ n", [miPerro getPeso]);

    printf ("miPerro2 peso: kg% lf \ n", [miPerro2
getPeso]);

    printf ("miPerroHijo peso: kg% lf \ n", [miPerroHijo
getPeso]);


    [miPerro free];
```

```
    [miPerro2 free];

    [miPerroHijo free];


    return 0;

}
```

En Objective-C se puede hacer referencia al propio objeto que recibe el mensaje, para ello se utiliza para la palabra "**self**". Esto tiene muchas aplicaciones, por ejemplo para ejecutar un método que necesita realizar otros métodos. Un ejemplo no muy bueno sería crear un método de "**comer**" para nuestro perro que usa el método "**setPeso**" para engordar, en cuyo caso podríamos cambiar el valor de "**peso**" sin recurrir a la "**self**", pero si tuviéramos algún método para llevar a cabo muchas tareas, sería muy útil.

Los programadores suelen dividir sus clases en archivos separados, llamada «**clase.h**" y "**clase.m**", el primero contiene la "**@ interface**" y el segundo "**@ implementation**". El archivo de interfaz indica al compilador cómo es su clase, mientras que el archivo de implementación contiene el código real de la clase.

Para realizar la conexión de los archivos se debe compilar el programa de una manera especial, y usamos la directiva de preprocesador "**# import**". Observe la nueva implementación del programa **Perro**:

Perro.h

 # Import <objc/Object.h>

@ Perro Interface: Objet

```objc
{
    peso double;
}


- (Void) ladrido;

- (Void) setPeso: (double) p;

- (Double) getPeso;

- (Perro *) play: (Perro *) Perro2;


@ End


Perro.m
# Import <stdio.h>
# Import "Perro.h"


Perro @ implementation
- (Void) guau
{
    printf ("Guau...Guau");
```

```
}


- (Void) setPeso: (double) p

{

    p = peso;

}


- (Double) getPeso

{

    return peso;

}


- (Perro *) play: (Perro *) Perro2

{

    // Se crea un hijo con el peso medio de los padres

    Pero perrito = * [[Perro alloc] init];

    pesoPerrito doble;


    pesoPerrito = (w + [Perro2 getPeso]) / 2;
```

```objc
    [Kitten setPeso: pesoPerrito];


    return Perrito;
}


@ End


main.m
# Import <stdio.h>
# Import "Gato.h"


int main (int argc, const char * argv [])
{
    Perro miPerro * = [[Perro alloc] init];
    Perro miPerro2 * = [[Perro alloc] init];
    * Perro miPerroHijo;


    [miPerro setPeso: 4,2];
```

```
[miPerro2 setPeso: 4,9];

[miPerro ladrido];

[miPerro2 ladrido];


miPerroHijo = [miPerro juego: miPerro2];

[miPerroHijo ladrido];


printf ("miPerro peso: kg% lf \ n", [miPerro getPeso]);

printf ("miPerro2 peso: kg% lf \ n", [miPerro2
getPeso]);

printf ("miPerroHijo peso: kg% lf \ n", [miPerroHijo
getPeso]);


[miPerro free];

[miPerro2 free];

[miPerroHijo free];


return 0;

}
```

El archivo "**Perro.h**" necesita información acerca de la clase
"**Object**", que se encuentra en el "**objc / Object.h**", por lo que

debe importar "**Perro.h**". Dado que el archivo "**Perro.m**" debe importar la interfaz, el "**Perro.h**" y "**stdio.h**" porque utiliza la función "**printf**". El programa principal debe importar el archivo "**stdio.h**" para la función "**printf**" y el archivo "**Perro.h**" creando instancias de objetos de la clase "**Perro**". Esto puede parecer un poco confuso, pero el concepto es muy simple: hay que importar todo lo que usamos.

Para compilar los programas con varios archivos en **gcc**, utilice la siguiente línea de comandos:

archivo1.m archivo2.m main.m gcc-o programa-l objc

Para nuestro ejemplo sería así:

Perro.m main.m gcc-Perro-l objc

Al ejecutar el programa veremos un resultado que debe ser similar al que se muestra a continuación:

Guau…Guau

Guau…Guau

Guau…Guau

miPerro pesa: 4.200000 kg

miPerro2 pesa: 4,900000 kg

miPerroHijo pesa: 4.550000 kg

Herencia

Ahora vamos a ver uno de los conceptos más importantes de la programación orientada a objetos: una clase puede tener **herencia**. Una herencia en sí misma una superclase, y esta clase que no tiene una superclase se llama clase **raíz**. La clase raíz la puede programar usted mismo, o como es más común, es la clase **Objeto**, En "objc / Object.h" o clase **NSObject**, Que se describe en "Fundación / NSObject.h".

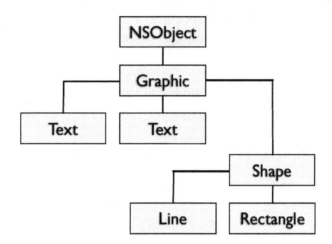

La clase que hemos creado es una subclase de **Object**, por lo que hereda algunos métodos, como el libre acceso y otras que se han definido para la clase **Object**. Pero supongamos que creamos una clase para **perros**. Se podría crear una subclase de **Object** denominada **Perro** y ejecutar funciones como **setPeso** y **getPeso,** idéntica a la clase **Perro**. O también podríamos crear una subclase de **Object** llamada **Animal,** y las clases **Cachorrito** y **Perro** serían una subclase de la clase **Animal**, que a su vez sería una clase abstract, ya no vamos a crear ninguna instancia de **Animal**.

Vamos la herencia en el siguiente ejemplo:

Animal.h

 # Import <objc/Object.h>

@ Animal Interface: Objet

{

    peso double;

}

- (Void) setPeso: (double) p;

- (Double) getPeso;

@ End

Animal.m

Import "Animal.h"

@ Implementation Animal

- (Void) setPeso: (doble) p

{

    p = peso;

}

- (Double) getPeso

{

    return peso;

```
}


@ End


Perro.h

# Import "Animal.h"


// definición de interfaces

@ Perro Interface: Animal


- (Void) ladrido;


@ End


Perro.m

# Import "Perro.h"

# Import <stdio.h>


// las implementaciones de los métodos
```

```
Perro @ implementation


- (Void) guau

{

    printf ("Guau…Guau");

}


@ End


Cachorrito.h

# Import "Animal.h"

/ / la definición de interfaces


@ Perros Interface: Animal

- (Void) GUAUUU;

@ End

Cachorrito.m

# Import "Cachorrito.h"

# Import <stdio.h>
```

```
// las implementaciones de los métodos

@ Implementation Perros


- (Void) GUAUUU

{

    printf ("GUAUUUUUUUUUU");

}


@ End


main.m
# Import <stdio.h>
# Import "Perro.h"
# Import "Cachorritoo.h"


// El programa comienza aquí
int main (int argc, const char * argv [])

{
```

```
Perro miPerro * = [[Perro alloc] init];

Perro miPerro2 * = [[Perro alloc] init];

Perro miCachorrito * = [[alloc Perros] init];

Perro miCachorrito2 * = [[alloc Perros] init];


[miPerro setPeso: 4,2];

[miPerro2 setPeso: 4,9];

[miPerro ladrido];

[miPerro2 ladrido];


printf ("miPerro peso: kg% lf \ n", [miPerro getPeso]);

printf ("miPerro2 peso: kg% lf \ n", [miPerro2 getPeso]);


[MiCachorrito setPeso: 10,2];

[MiCachorrito2 setPeso: 13,3];

[MiCachorrito GUAUUU];

[MiCachorrito2 GUAUUU];
```

```
        printf ("miCachorrito peso: kg% lf \ n", [miCachorrito
getPeso]);

        printf ("miCachorrito2 peso: kg% lf \ n",
[miCachorrito2 getPeso]);


        [MiCachorrito free];

        [MiCachorrito2 free];

        [miPerro free];

        [miPerro2 free];


        return 0;

    }
```

En el ejemplo anterior, el método "**play**" ya no existe, porque, aunque si bien se trata de una actividad común para todos los animales que juegan, los animales generan objetos de clases diferentes, y no hay una clase genérica de **Animal**. Para esquivar este problema deberíamos escribir dos métodos, uno para cada clase, llamada "**play**", a pesar de que comparten el mismo nombre que serían un poco diferentes. Para implementar un método común necesitamos un poco más conocimiento, más concretamente usaremos los siguientes conceptos: **Polimorfismo, tipeo dinámico y el enlace dinámico**.

Supongamos ahora que queremos que el método devuelva un **perro** para **getPeso** con el peso en gramos y no en libras. Para ello, se puede modificar la implementación original de la Clase **Animal getPeso**, pero también modificaremos el **return** de **getPeso** para los **perros**. Para solucionar este problema, puede utilizar un concepto llamado **overriding (sobrecarga)**.

Overriding (sobrecarga) es simplemente sobreescribir un método. Cuando se crea un método con el mismo nombre que otro método que fue heredada por la clase, vale el método de la clase y no la superclase. Así podría crear un método dentro de la clase **perro** con el mismo nombre (en este caso, **getPeso**) y por lo tanto sólo el método de la clase **Perro** se vería afectado, lo que permite a la clase a seguir regresando peso en kilogramos del **perrito**. Ahora haremos **Overriding** de **getPeso** de la clase **Perro**.

En las clases también puede crear instancias de objetos. Por ejemplo, supongamos que todos los animales…tienen ojos. Podemos entonces definir una clase llamada **Ojo**, y crear una instancia dentro de la clase **Animal**. Veamos la **interface** y la **implementación** de la clase Ojo, como los nuevos archivos de la clase **Animal**.

Ojo.h

 # Import <objc/Object.h>

@ Ojo Interface: Objet

{

    int estado_de_la_pupila;

}

- (Void) setEstado_De_La_Pupila: (int) animalito;

- (Void) printEstado_De_La_Pupila;

@ End

Ojo.m

Importar "Ojo.h"

@ Implementation Ojo


```
- (Void) setEstado_De_La_Pupila: (int) animalito
{
    if (animalito == 0) estado_de_la_pupila = 0;

    if (animalito == 1) estado_de_la_pupila = 1;

    if (animalito == 2) estado_de_la_pupila = 2;
}


- (Void) printEstado_De_La_Pupila
{
    if (estado_de_la_pupila == 0)

        {
```

```
        printf ("La pupila del animalito se contrae");

    }

    si (estado_de_la_pupila == 1)

    {

        printf ("La pupila del animalito es normal");

    }

    if (estado_de_la_pupila == 2)

    {

        printf ("La pupila del animalito se dilata");

    }

}


@ End


Animal.h

# Import <objc/Object.h>

# Import "Ojo.h"


@ Animal Interface: Objet
```

```objc
{
    peso double;

    * Ojo AOjo;
}


- (Void) setPeso: (double) p;

- (Double) getPeso;

- (Void) printEstado_De_La_Pupila;

- (Void) setEstado_De_La_Pupila: (int) edp;


@ End


Animal.m
# Import "Animal.h"


@ Implementation Animal


- (Void) setPeso: (double) p
{
```

```
        p = peso;

}


- (Double) getPeso

{

    return peso;

}


- (Void) printEstado_De_La_Pupila

{

    / / imprimir el estado de la pupila de un animal


    if (AOjo)

        [AOjo printEstado_De_La_Pupila];

    else

        printf ("La pupila de Este animal está mal");

}


- (Void) setEstado_De_La_Pupila: (int) edp
```

```
{

    [AOjo free];

    AOjo = [[alloc Ojo] init];

    [AOjo setEstado_De_La_Pupila: edp];

}


@ End
```

El código debe ser utilizado para probar el funcionamiento del ojo en main.m:

[miPerro setEstado_De_La_Pupila: 1];

[miPerro printEstado_De_La_Pupila];

Ahora tenemos que liberar la memoria asignada al Objeto Ojo de Animal. Como no podemos acceder directamente a la memoria del objeto AOjo, no podemos liberar la memoria sin necesidad de crear un método que pertenezca a la clase de ese animal en particular, o crear un **overriding** sobre el método libre.

Si no liberemos memoria que tenemos un problema que se llama pérdida de memoria o **memory leakage**. Para poder hacer overriding de liberación de recursos necesitamos saber como vamos a liberar la memoria alojada en el objeto, para ello usamos el método **free** para liberar la memoria alojada en el método. La salida es una instrucción **super** que se refiere a la clase padre del que recibe el mensaje. **Super** no llamará al método de clase actual, sino al que fue heredado. De esta manera se puede hacer referencia al método antiguo de todos los métodos que fueran implementados a través de **overriding**.

Por lo tanto la implementación del método para la clase de animal **free** debe ser:

- **(Id) free**

 {

   [AOjo free];

   retorno [super free];

 }

Nos vamos a ocuparnos de la palabra en la sección Identificación del próximo

Polimorfismo, Typing dinámico y Binding dinámico

El polimorfismo es un concepto muy simple. No es nada más que la capacidad de que un lenguaje orientado a objetos debe definir métodos con el mismo nombre para diferentes clases. Cada definición de clase guarda el código necesario para sus métodos. El **Typing** dinámico es una característica que tiene un lenguaje para poder aplazar una determinada clase de un objeto hasta el tiempo de ejecución del programa, mientras que el **Binding** dinámico es para poder aplazar un determinado método que será invocado en un objeto hasta el tiempo de ejecución.

Para poder realizar **Typing** o **Binding** dinámicos se utiliza el tipo **id**. Este es un tipo de objetos genérico, que puede ser usado para guardar objetos pertenecientes a cualquier clase. El tipo id puede realizar overriding del método free. Veamos ahora como implementar el método reproducir en la clase Animal, y permitiremos que la clase Perro y Cachorrito se reproduzcan, sin que sea necesario crear dos métodos distintos.

```objc
-(id) reproduzir: (id) Animal2
{
    //crearemos los hijos con el peso medio de los padre

    id Hijo=[[[self class] alloc] init];

    if ([self class] == [Animal2 class])
    {
        printf("El Hijo nació sano");
        [Hijo setPeso: (peso+[Animal2 getPeso])/2];
    }
        else
    {
        printf("El Hijo nació muerto, ya que las clases son de distintos padres");

        [Hijo setPeso: 0];
    }
    return Hijo;
}
```

En el ejemplo anterior se utiliza el tipo **id**, porque no sabemos cual será la subclase de **Animal** que será pasada ni la clase que va a devolver. También utilizamos la palabra **self** que sirve para referir al propio objeto, después decimos **[self class]** que es una forma de pedir para que un objeto devuelva la propia clase, en el método reproducir necesitaremos crear un hijo de la misma clase de los padres, después usaremos **[self class]** como la clase del hijo. Fin de la Aplicación.

INTRODUCCIÓN A OBJETIVE-C

Objective-C, también llamado habitualmente como ObjC o menos frecuentemente Obj-C, es un lenguaje de programación reflexivo, orientado a objetos que añade la transmisión de mensajes en el estilo SmallTalk para C.

Hoy en día, es utilizado principalmente en el Mac OS X, que es un entorno basado en el OpenStep y es el principal lenguaje utilizado en las aplicaciones estructuradas NeXTSTEP, OPENSTE y Cocoa. Los programas genéricos en Objective-C que no hacen uso de estas bibliotecas también pueden ser compilados por cualquier sistema soportado por **gcc**, que incluye un compilador Objective-C.

La Sintaxis de Objective-C es una capa muy fina construida sobre el lenguaje de programación C y que constituye un superconjunto estricto de C. O sea, es posible compilar cualquier programa desarrollado en C con un compilador Objective-C. Objective-C deriva su lenguaje tanto del C como del SmallTalk. La mayor parte de la sintaxis fue heredada del lenguaje de programación C, mientras que la sintaxis para los aspectos orientados a objetos fueron creados para habilitar el paso de mensajes en el estilo SmallTalk.

Los mensajes de Objective-C, el modelo de orientación a objetos de Objective-C está basado en el paso de mensajes para instancias de los objetos. En Objective-C, no simplemente se llama a un objeto, sino que enviamos un mensaje. Es diferente al modelo de programación estilo Simula que usa C++. La diferencia entre estos dos conceptos reside en la forma en la que el código referenciado por el nombre del mensaje o método es ejecutado. En un lenguaje estilo Simula, el nombre del método, en la mayoría de los casos, está ligado a una sección de código en la clase objetivo del compilador. En SmallTalk y Objective-C, el objeto de un mensaje es resuelto en tiempo de ejecución, con el objeto de recibir, se interpreta el mensaje. Un método es identificado por un selector SEL (un string terminado en NUL representando su nombre) y se convierte en un puntero de método C, implementando un IMP. Una consecuencia de esto es que el sistema de transmisión de mensajes no tiene ninguna verificación de tipo. El objeto el cual un mensaje es dirigido (al receptor) no está garantizado que responda a un mensaje, y si eso no sucede, el objeto simplemente generará un excepción.

Enviando el método mensaje al objeto apuntado por el puntero, el objeto exigirá el siguiente código en C++:

Objeto → método (argumento);

En Objetive-C el mismo código será:

[obj metodo:argumento];

Ambos estilo de programación tienen sus puntos fuertes y débiles. La programación orientada a objetos en el estilo Simula permite herencia múltiple y una ejecución más rápida, usando asociaciones en tiempo de compilación siempre que sea posible, pero no soportará asociaciones en tiempo de ejecución por defecto. También fuerza todos los métodos a tener una implementación correspondiente, a menos que sea un método abstracto. En el estilo de programación SmallTalk se permite que los mensajes no sean implementados con una resolución de métodos en tiempo de ejecución. Por ejemplo, un mensaje puede ser enviado para una colección de objetos, y solamente tendrá que esperar a que alguno responda, sin miedo a generar errores de ejecución. Para pasar mensajes tampoco se exige que un objeto sea definido en tiempo de compilación. Una implementación aún es necesaria para que el método sea llamado en el objeto derivado.

Toda la programación se realiza en el SDK de Objective-C. Objective-C también es un superconjunto de C, lo que le permite escribir código en el lenguaje C tradicional. Objetive-C incorpora poderosas capacidades de orientación a objetos. Debido a su origen fuera de la norma de C, Objective-C puede parecer un poco extraño a primera vista, pero una vez que haya trabajado con el, verá que es elegante y fácil de leer, proporcionando numerosas mejoras al tradicional código ANSI C.

Como extensión de ANSI C, Objective-C nos aporta:

Convención para la definición de clases, métodos de clases e instancias

Sintaxis para la llamada de método (mensaje) y la declaración de propiedades

Convención para el tipeo estático y dinámico

Bloques, que son segmentos de código encapsulados

Extensiones de lenguaje, como protocolos y categorías

Tipeo dinámico que determina la clase en tiempo de ejecución

Conexión dinámica que determina el método a ser llamado en tiempo de ejecución

Carga dinámica que permite añadir módulos de código en tiempo de ejecución

Vamos a empezar con un vistazo general a Objective-C. Objetive-C es un lenguaje orientado a objetos, lo que significa que tiene numerosas clases y objetos, variables y métodos. Objective-C está construido en su totalidad en torno a los objetos. Ventanas, Vistas, botones, deslizadores y de controladores para el intercambio de información entre ellos, en respuesta a los eventos y a las acciones.

Una cabecera (con la extensión .H) y un archivo de código fuente (con extensión .M) en conjunto representan cada objeto en Objective-C. A veces, podemos acceder a las clases de los objetos que vienen incorporados en el iPhone OS sin tener que escribir, pero a menudo se heredan las subclases de objetos de modo que usted puede crear nuevos comportamientos. Al hacer esto, se agregarán un nuevo encabezado y los archivos de código fuente a su proyecto, que en conjunto representan una nueva subclase que se ha generado.

La siguiente tabla resume los seis elementos clave de la sintaxis del Objective-C:

Elemento Sintaxis	Resumen
Categorías	Las categorías se pueden utilizar para añadir clases sin heredar cualquier otro.
Clases	Definen los tipos de objetos en archivos con extensión .m
Mensajes	envían comandos a los objetos que están entre [corchetes]
Propiedades	Permite una fácil definición de los descriptores de acceso (get y set)
Protocolos	Definen una clase que va a responder al solicitante.
@	Política utilizada por el compilador para diversos fines

Elementos de la Sintaxis de Objective-C

Runtime System

El Runtime System gestiona las diferentes opciones que tenemos para retrasar decisiones de compile time y link time para el RunTime.

Objetos

Un objeto asocia datos con operaciones que pueden ser usadas para alterar los datos. Vamos a ver unos cuantos objetos que usaremos más adelante:

id

Los objetos son un tipo de datos distinto: **id**

```
typedef    struct objc_object  { Classisa;
}    *id;
```

Dynamic Typing (Tipeo Dinámico)

Los Objetos son tipeados dinámicamente en tiempo de ejecución:

id   myObject;

Es posible informar al compilador de la clase objeto estáticamente informando a la clase en el código fuente:

Rectangle* myObject;

Object Messaging (Mensajes con Objetos)

Para hacer alguna cosa con un objeto, deberá enviar un mensaje para este solicitando la ejecución de un método:

```
[receiver    message]; [myRectangle    display];
[myRectanglesetWidth:2.0];
[myRectangle    setOriginX: 30.0   y:    50.0];
[receiver   makeGroup:group, memberOne, memberTwo,
memberThree];
[myRectangle    setPrimaryColor:[otherRect
    primaryColor]];
```

Messages to nil

Enviar un mensaje para un objeto **nil** no tiene efecto en tiempo de ejecución.

```
Id anObjectMaybeNil = nil;
// esto es válido
if    ([anObjectMaybeNil methodThatReturnsADouble]
==    0.0)
{
// aquí continuamos con la implementación…
}
```

Dynamic Binding

Al enviar un mensaje a un objeto, el método que será llamado es determinado en tiempo de ejecución.

Message (Mensaje)

En Objective-C se ha heredado la extensión más importante del lenguaje de programación C que es el mensaje. Se envía un mensaje cuando se hace una pregunta a otro objeto para realizar una acción específica. Esto es el equivalente de Objective-C para llamar a procedimientos y funciones en otros lenguajes. El mensaje también es el lugar donde la sintaxis de Objective-C difiere más sobre ANSI-C.

Una llamada simple de un mensaje es:

[Receptor mensaje];

Veamos un ejemplo real:

[Windows makeKeyAndVisible];

Este *mensaje* envía al objeto "**window**" el comando "**makeKeyAndVisible**", que dice que el objeto ventana es visible y que acepta la entrada del usuario.

Hay tres formas en las que esta sintaxis puede ser un poco más compleja. En primer lugar, pueden tener argumentos, en segundo lugar, pueden estar anidados, y tercero, que pueden ser una llamada a uno de unos receptores diferentes. Por ejemplo:

Mensaje con Argumentos

La mayoría de los mensajes contendrán únicamente un solo comando. Pero a veces quieres enviar uno o más argumentos, junto con un mensaje para proporcionar más información acerca de lo que quieres hacer. Cuando usted envía un argumento, debe hacerlo añadiendo el argumento separado por dos puntos ":" y luego el mensaje, así:

[Mensaje Receptor: Argumento];

He aquí otro ejemplo:

[TextView setText: @ "Hello World"];

Si desea enviar múltiples argumentos, cada argumento adicional se envía después de una etiqueta, como se muestra aquí:

[Mensaje del receptor: arg1 arg2 LABEL2 LABEL3: arg3:];

Por ejemplo:

[MyButton setTitle: @ "Hola" forState: UIControlStateNormal];

Esta es la forma en que los mensajes de Objective-C varían mucho de las llamadas a funciones en C.

La ventaja de este tipo de sintaxis es que usted no necesita recordar el orden de los argumentos, porque ya llevan la etiqueta. El resultado es mucho más fácil de leer y menos propenso a errores.

Mensajes anidados

Uno de los elementos más poderosos del sistema de mensajería de Objective-C es el hecho de que puedas crear mensajes anidados. Esto le permite reemplazar el sujeto o el argumento de un mensaje (o ambas), con otro mensaje. A continuación, devuelva el mensaje de que estaba metido en el mensaje adecuado que se encuentra dentro del nido.

Por Ejemplo: el objeto creado reemplaza al recibidor de la siguiente manera:

[[UITextView alloc] initWithFrame: TextFieldFrame];

El objeto se crea mediante el envío de un mensaje "**alloc**" (Asignar) para la clase **UITextView**, el objeto se inicializa.

Cuando se pasa un color a un objeto como argumento, casi siempre lo hacen por un agrupamiento, llamando a la clase **UIColor** de este objeto:

[TextView SetTextColor: [UIColor colorWithWhite: NewColor alfa: 1,0]];

Ahora se puso el color del texto (**SetTextColor**) al objeto **TextView** llamando a la clase **UIColor**.

Ls mensajes de estilo anidado es el núcleo de código en Objective-C, y este formato es el que usted a menudo en el código.

Mensajes dirigidos

Como hemos visto en los últimos dos ejemplos, hay dos tipos diferentes de objetos en Objective-C. Objetos hereditarios de la clase en la que cada uno representa una de las clases en su marco. Se puede enviar ciertos tipos de peticiones, tales como una solicitud para crear un nuevo objeto, el envío de un mensaje al nombre de clase:

[Mensaje de clase];

Por ejemplo:

UIButton * myButton = [UIButton buttonWithType: UIButtonTypeRoundedRect];

Instanciar el objeto es lo que se suele pensar cuando escuchan el término "objeto". Puede crearlos usted mismo y luego dedicarle la mayor parte de su tiempo de programación a la manipulación de los mismos. A excepción de estos ejemplos para crear nuevos objetos, todos los ejemplos hasta ahora involucran instancias de objetos.

Además de llamar a un objeto por su nombre, también puede referirse a un objeto por una de las dos palabras clave específicas: *self* y *súper*.

El primero se refiere siempre al objeto en sí mismo, mientras que el segundo se refiere siempre a la clase padre.

Vamos a ver el **self** que a menudo se utiliza internamente en el código fuente de la clase archivos:

[Self setText: @ ". Eso prueba las almas de los mens"];

Vamos a ver **super** que a menudo se usa como parte de un método, donde el método hijo llama al método padre antes de ejecutar su propio código:

[Super initWithFrame: Marco];

Todos los mensajes de las llamadas deben seguir uno de los cuatro patrones como la nomenclatura del receptor. Pueden llamar a algo por el nombre de su clase, como un método de clase, el nombre de instancia, por ejemplo, un método de una instancia, la palabra clave **self**, o por palabra clave **super**.
Ahora que ya sabe cómo enviar mensajes entre los objetos, es

probable que desee saber cómo crear clases que se crean instancias de los objetos.

Definición de Clase

La definición de clases es un prototipo para un tipo de objeto. Cada clase tiende a ser representada por un par de archivos: un archivo de encabezamiento (header) y un archivo de código fuente. Para definir una clase, cada uno de estos archivos debe contener una directiva de compilador especial, que siempre está marcada en Objective-C, con el símbolo @.

Cuando una clase aún no fue definida pero necesita ser referenciada, usted puede mencionarla con la directiva @**class**.

@class Rectangle, Circle;

El compilador crea un objeto único para cada clase que sabe como crear otros objetos (factory object)

Este objeto construye instancias de la clase

Objective-C no tiene sintaxis para la creación de clases o métodos abstractos.

En primer lugar, se define la interfaz para la clase, que es una simple declaración de sus variables y métodos públicos. Esto se hace en el encabezado del archivo con la extensión H. A continuación, defina la solicitud de la clase, que es el verdadero contenido de todos sus métodos, que se realiza en un archivo de código fuente con extensión M. Es decir, cada clase se establece obligatoriamente en pares y estos dos archivos, uno con la firma de la clase, los métodos y las variables públicas y otro con la definición de los métodos de código.

DEFINICIÓN DE CLASES	
ARCHIVO .h	**ARCHIVO .m**
‖‖‖‖‖‖‖‖‖‖‖‖‖‖‖‖‖‖‖‖‖‖‖‖‖‖‖‖ ‖‖‖‖‖‖‖‖‖	‖‖‖‖‖‖‖‖‖‖‖‖‖‖‖‖‖‖‖‖‖‖‖‖‖‖‖‖ ‖‖‖‖‖‖‖‖‖
@interface Declaración de Métodos, Propiedades y Variables	@implementation Contiene el código que implementa los métodos

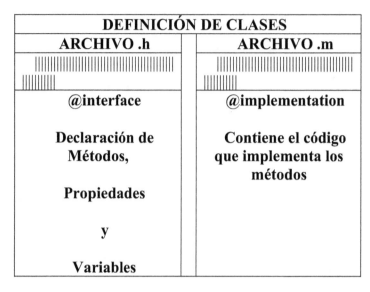

Métodos de Clase

Siguen la misma convención que los métodos de instancia, pero son marcados con la señal de más (+).

+ (MyClass*)sharedInstance;

```
+ (MyClass*)objectWithWidth:(float)width
height:(float)height;
```

Variables de Instancia

Para crear una variable de Instancia crearemos un código parecido a este:

```
@interface ClassName : ItsSuperclass

{

//    declaración de variables de instancia.

float quantity; Rectangle* rect;

}

//    declaración de métodos y propiedades.

@end
```

La interfaz

Las interfaces comienzan con la directiva **@interface** y terminan con una directiva **@end**. Contienen declaraciones de variables de instancia de los objetos y luego declaraciones de métodos.
Por ejemplo:

:::AppleTree.h:::

```
@interface AppleTree : UrTree

{

    NSString *appleType;

}

    - (id)growFruit : (NSString *) appleColor

@end
```

Comenzamos nuestra interfaz con el comando **@interface** y la terminó con el **@end**. Tenga en cuenta que la directiva incluida **@interface** no sólo tiene el nombre de nuestra clase, sino también tiene el nombre de su superclase, tras los dos puntos **":"**. También podría incluir una lista de protocolos.

La declaración de variables es completamente normal. **NSString** es un tipo que vemos cuando miramos el iPhone OS más adelante. Tenga en cuenta que usted no tiene que declarar todas las variables en su **@interface**, sólo las variables que desee acceder al exterior de sus métodos, o sea las variables públicas. Usted declara variables para ser utilizado sólo por los métodos incluidos en estos métodos.

Nuestra declaración de método contiene una descripción de un método con un argumento, que es coherente con la sintaxis que vimos anteriormente en el elemento de sintaxis "**Mensaje**". También contiene otro elemento nuevo: Vemos que comenzó con un signo menos **"-"**. Esto significa que este es un método que sólo puede ser utilizado por una instancia de un objeto. Su opuesto, que está marcado con un signo **+**, es un método de clase, que es utilizado por un objeto de clase, estos son conceptos básicos en la programación orientada a objetos, POO.

El tipo **"id"** se utiliza como un método de devolución de "**growFruit**" y es otra de las innovaciones de Objective-C. Objective-C permite la creación de tipos dinámicos, donde se determina el tipo en tiempo de ejecución. Para poder hacer esto, se incluye un tipo débil de **"ID"**, que puede ser un puntero a cualquier objeto.

Al igual que en la declaración de variables, sólo se debe declarar aquí los métodos que pueden ser llamados externamente.

Los métodos pueden quedar en una clase permanecer oculta, si así lo desea.

Vamos a ver una breve descripción de algunas de las clases del núcleo de Objective-C:

NSObject

Es la clase principal, todas las demás clases dependen de NSObject. Además, nos provee de los métodos de **alloc, init** y **dealloc**

UIApplication

Es la clase que gestiona el ciclo de vida de la aplicación, además, de la configuración y de las insignias.

UIWindow

Esta clase funciona como un contenedor que contendrá las vistas de la aplicación.

UIView

Esta es la clase con la que crearemos las vistas de nuestra aplicación.

UIControl

Es una superclase, todos los controles de nuestra aplicación heredan el compartamiento de UIControl. Esta clase se encarga se asociar a cada control, el comportamiento que le corresponde.

UILabel

Con esta clase podemos crear etiquetas con texto estático y campos de texto para recibir los datos del usuario.

UIWebView

Esta clase sirve como contenedor de páginas webs o documentos.

UIButton

Con esta clase podemos crear botones para que el usuario pueda clicar sobre ellos

Ejecución de la Aplicación

Después de declarar una clase con una **@interface**, se puede establecer con la **@implementation**. A continuación se muestra un ejemplo de lo que podría hacer que nuestra clase **AppleTree**, incluya un método de muestra única:

:::AppleTree.m:::

#import "AppleTree.h"

#import "Apple.h"

@implementation AppleTree

    - (id) growFruit : (NSString *) appleColor

    {

```
Apple *fruit = [Apple appleWithColor:appleColor];

return fruit;

}

@end
```

Nuestro código comienza con **#import**. Esta directiva es una variante de Objective-C para la macro **#include**. La diferencia es que incluye el archivo a menos que ya se haya incluido, y es la mejor alternativa cuando se utiliza Objective-C. En este caso, se incluye el **archivo de cabecera (Head) AppleTree.h,** que debe contener la interfaz. Sin ello, tendríamos que restablecer los valores de nuestro ejemplo y nuestra superclase para incluir la declaración "**@implementation**". Así, el **import** nos ayuda a evitar código redundante. También hemos incluido un archivo **Apple.h** para que podamos crear una **Apple**.

Como en nuestro interfaz, el código de aplicación comienza con una directiva (**@implementation**) y termina con un **@end**, en el interior, se describen nuestros métodos, que incluye el envío de un mensaje a la clase de objeto **Apple**.

Lo que estamos perdiendo

Ahora tenemos dos partes resueltas del enigma: hemos visto cómo crear nuevas clases de objetos y los mensajes que envían entre los objetos instanciados. Lo que falta es cómo crear una instancia de un objeto de una clase.

Generalmente las instancias de objetos, siguen el mismo patrón. En primer lugar, asigne el objeto en la memoria y después inicialice todas las variables y realice alguna configuración.

La forma precisa en que se hace esto variará de una clase a otra. Por lo general, el marco que determina cómo el objeto se creará en iPhone OS. Como se verá más adelante, el iPhone OS especifica dos métodos de instancias de objeto: el método **alloc-init** y el método de clase de fábrica. Veremos cada una de estas más adelante, cuando hablemos del iPhone OS.

Propiedades

Lo que hemos estudiado hasta ahora debería ser suficiente para que usted pueda escribir un código simple de Objective-C. Pero hay otra gran característica en Objective-C, que merece discusión amplia, debido a su sintaxis única: la propiedad.

Por lo general usted tiene que escribir un montón de métodos de obtener y establecer a la hora de trabajar con programación orientada a objetos. Esto puede ser tedioso, y también se debe tener cuidado con la consistencia, por lo que no tienen docenas de diferentes sintaxis para sus "**accesores**" (acceso de datos variables) y "**mutadores**" (modificadores de Métodos).

Objective-C proporciona una solución a estos problemas: Se puede declarar una variable de instancia como una propiedad. De esta manera, se estandariza el método y el valor de la variable modificador de acceso y crea **getters** y **setters** automáticamente. El modificador de método se llama "**SetVariable**" y llama a la lectura con el nombre elegido para el acceso variable.

Por ejemplo, si nos remontamos a las manzanas de clase que hablamos en nuestro ejemplo anterior, definimos nuestra variable "*NSString * appleType*" como una propiedad, haciendo las siguientes declaraciones se crearía automáticamente:

(Void) setAppleType: (NSString *) nuevoValor;
(NSString *) appleType;

Usted nunca verá estas declaraciones, pero van a estar ahí.

Configuración de una Propiedad

Debe declarar una variable de instancia como una propiedad con la propiedad @ como parte de su declaración **@interface**. A continuación se muestra un ejemplo de lo que estamos hablando:

::: AppleTree.h :::

@interface AppleTree : UrTree

{

    NSString *appleType;

}

@property NSString *appleType;

- (id)growFruit : (NSString *) appleColor

@end

::: AppleTree.m :::

#import "AppleTree.h"

#import "Apple.h"

@implementation AppleTree

@synthesize appleType;

- (id)growFruit : (NSString *) appleColor

{

    Apple *fruit = [Apple appleWithColor:appleColor];

Return fruit;

}

@end

El archivo de cabecera demuestra que cualquier propiedad debe comenzar con la declaración de una instancia. La propiedad @ repite esta declaración. Ya ha declarado implícitamente sus descriptores de acceso, modificadores y métodos, ya ahora puede continuar y escribir sus propios métodos manualmente si lo desea.

Objective-C también escribirá estos métodos para ti. Esto se hace con la declaración **@synthesize** en la aplicación @. Esto creará métodos de acceso que leen y cambian la variable de la forma en que estamos acostumbrados. El método inserción (**set**) es por defecto el primario, pero puede elegir otro método que utiliza las propiedades y atributos.

Si usted no está haciendo nada extravagante, puede utilizar inmediatamente en su clase, modificadores de acceso y métodos, como se muestra en los siguientes tres ejemplos:

*ChoosenType NSString * = [AppleTree appleType];*
[AppleTree setAppleType: @ "Washington Red"];
[AppleTree setAppleType: myAppleType];

Además de proporcionar automáticamente accesos y modificadores, "**propiedades**" @ también le da acceso a una pequeña limpieza sintáctica, que puede hacer su uso más fácil.

Otra forma de notación

Existe otra forma de acceder a las propiedades de las clases en Objective-C y se asemeja al formato normal de los lenguajes de programación que son orientados a objetos, pero no aconsejo el uso de esta notación. Pero es bueno saber que se puede acceder a las propiedades declaradas en la propiedad @ con el punto "**.**".

La sintaxis siguiente es convertir a este punto usando la notación de nuestro último ejemplo:

*NSString * = ChoosenType AppleTree.appleType;*
AppleTree.appleType = @ "Washington Roja";
AppleTree.appleType = myAppleType;

Hay otras directivas de compilación para facilitar el desarrollado, pero mejor no aprender ahora para digerir mejor lo que se enseña aquí.

A menudo, el signo (@) se utiliza para crear ciertos tipos de variables. Con mayor frecuencia se utiliza para crear una variable de tipo **String (NSString *)**. Lo hemos visto en algunos de nuestros ejemplos. Sólo se debe incluir el símbolo @, seguido del valor de la cadena que desea establecer:

*MYSAMPLE NSString * = @ "esto que es? Una pera o una manzana?";*

Protocolo y Categorías

Hay dos elementos finales en Objective-C, que creo que es importante, por lo menos comentarlos que son: Categorías y protocolos. Voy a definir lo que hacen, pero no vamos a profundizar en los detalles.

Categorías

Las categorías se utilizan si desea agregar un comportamiento a una clase sin heredar otro (subclases). Como siempre, debe hacerlo mediante la creación de un nuevo conjunto de archivos de código que contiene *@Interface* y *Aplicación @*. Esta vez usted no necesita preocuparse por el nombre de la clase padre (Super), sino que debe incluir un nombre de categoría entre paréntesis, de la siguiente manera:

*@ Interface AppleTree (*this *MyAppleChanges)*
@ Implementación AppleTree (MyAppleChanges)

Como resultado de ello, los métodos y las variables clasificadas que se describen para la clase se añadirán a la base de la definición de clase de su programa.

Las clases se puede decir que están utilizando este protocolo en su propia interfaz @ declaración.

Por ejemplo, si tuviéramos un protocolo *Crecer* que es utilizado por las plantas y animales, definiríamos su uso como sigue:

@ Interface AppleTree: UrTree <Crecer>

La clase AppleTree sería muy capaz de responder a todos los métodos definidos en el protocolo de crecer.

A continuación un resumen de todo lo que hemos aprendido hasta ahora acerca de la sintaxis de Objective-C:

ELEMENTO POO	SINTAXIS
Enviando Mensaje	**[Objeto Mensaje]**
Crear un Clase	**::: archivo.h :::** **@interface class: super** **(declaraciones)** **@end** **::: archivo.m :::** **@implementation class**

	(definciones) **@end**
Declaración de Métodos	**- (devuelve el tipo) instancemethod:arguments** **+ (devuelve el tipo) classmethod:arguments**
Declaración de Propiedades	**@property (declaración)**
Synthesize	**@synthesize (propiedad)**
Declaración de Accesos	**[Objeto propiedad]**
Métodos Modificadores	**[Objeto setProperty:valor]**
Notación de Puntos	**Object.property**
Declaración de Categorías	**@interface class (categoría)** **@implementation class (categoría)**
Declaración de Protocolos	**@interface class: super <protocol>**

Protocolos

Los protocolos definen métodos que pueden ser implementados por cualquier clase. Son útiles para:

- Declarar métodos que esperan a otra clase que implementan
- Declarar una interface escondiendo su clase
- Capturar similitudes sin relación jerárquica.
- Declarar un conjunto de métodos, enumerando sus argumentos y sus declaraciones.

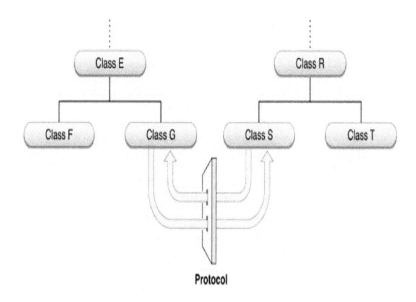

Protocol

Protocolos Formales

Usan la directiva **@protocol:**

@protocol ProtocolName

//   declaraciones de métodos

@end

@protocol MyProtocol

-    **(void)requiredMethod;**

@optional

-    **(void)anOptionalMethod;**

-    **(void)anotherOptionalMethod;**

@required

- (void)anotherRequiredMethod;

@end

Protocolos Informales

Agrupa métodos en una declaración de categoría

@interface NSObject (MyXMLSupport   )

- initFromXMLRepresentation:(NSXMLElement

*)XMLElement;

- (NSXMLElement *)XMLRepresentation;

@end

Implementación de un Protocolo

Es una clase que adopta un protocolo formal indicandando los protocolos entre símbolos de mayor y menos (<>)

@interface ClassName : ItsSuperclass < protocol list >

@interface ClassName (CategoryName) < protocol list >

@interface Formatter : NSObject < Formatting, Prettifying >

Conformidad con un Protocolo

Es posible verificar si un objeto está en conformidad con un protocolo.

if (![receiver conformsToProtocol:@protocol (MyXMLSupport)])   {

// el objeto no es conformado a MyXMLSupport protocol

Manejo de Excepciones (Exception Handling)

Las excepciones en Objective-C soportan cuatro directivas del compilador: **@try, @catch, @throw** y **@finally.**

Manejando Excepciones:

```
Cup *cup = [[Cup alloc]  init];
@try        {
[cup fill];
}
@catch (NSException *exception)       {
NSLog(@"main:  Caught %@: %@", [exception name],
[exception     reason]);
}
@catch (id ue) {

}
@finally {
[cup release];
}
```

Lanzando Excepciones:

```
NSException *exception = [NSException
exceptionWithName:      @"HotTeaException" reason:
@"The  tea is too hot" userInfo:   nil];
 @throw exception;
```

Persistencia de datos

El **CoreData** provee soluciones para tareas comunes asociadas al ciclo de vida de los objetos y relaciones, incluyendo persistencia.

El **CoreData** tiene las siguientes características:

- Seguimiento de cambios y deshacer
- Relaciones entre objetos
- Lazy loading
- Validación de propiedades
- Schema migration
- Integración con la capa de Controllers
- Soporte a la key-value observers
- Agrupamiento, filtro y organización de datos en memoria
- Soporte a la persistencia
- Compilación de query
- Políticas de merging

A continuación vamos a ver varios gráficos en los que podrá ver los objetos que intervienen en las operaciones con base de datos:

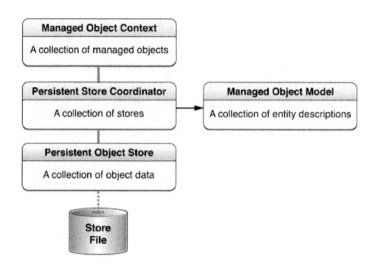

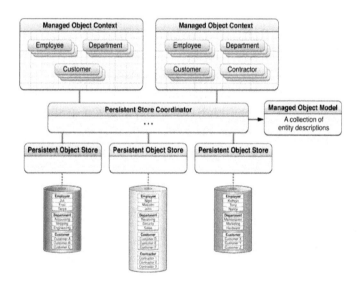

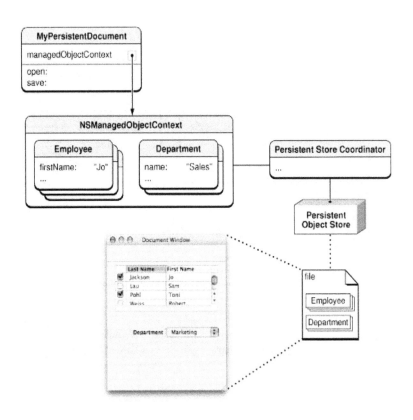

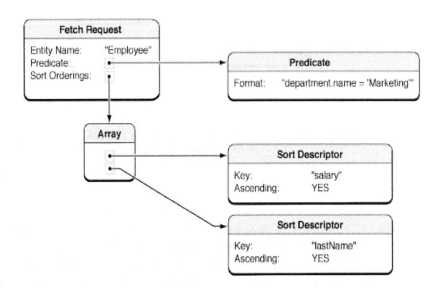

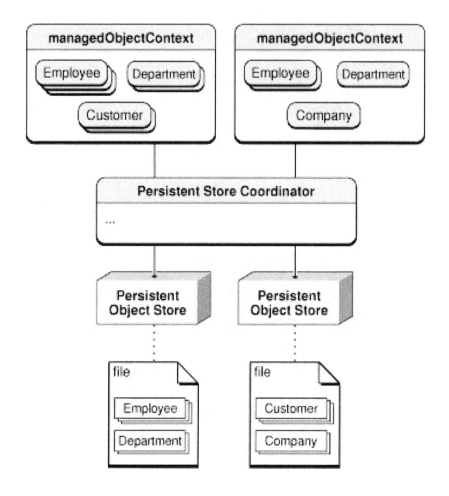

Un programa es un conjunto de instrucciones

Introducción

Para aprender a conducir un coche, tienes que aprender a lidiar con varias cosas a la vez. Lo que necesita saber sobre la marcha, y los pedales de freno, acelerador y embrague. La programación también requiere que mantenga un montón de cosas en mente, o el programa no funcionará. ¿Estabas familiarizado con el interior de un coche cuando usted aprendió a conducir, pero usted no tiene esa ventaja al aprender programación con Xcode?. Para no abrumarle, dejaremos el entorno de programación para un capítulo posterior. En primer lugar, vamos a hacer que se sienta cómodo con algo de código **Objective-C**, comenzando con un poco de matemáticas básicas que ya está familiarizado.

En la escuela primaria que tenía que hacer cálculos que completan los puntos:

$6 + 2 = ...$
$... = 3 * 4$ (El asterisco * es la forma estándar de representar la multiplicación de las computadoras en el teclado)

En el nível de secundaria, los puntos estaban fuera de moda y las llamadas variables x e y (y una nueva palabra, "álgebra") eran una novedad. Mirando hacia atrás, puede estar impresionado por la gente, porque se intimidaban mucho con un pequeño cambio en la calificación.

$2 = 6 + x$
$y = 3 * 4$

Variables

El lenguaje Objective-C también utiliza variables. Las variables no son nada más que nombres convenientes para referirse a un dato cualquiera, como un número, por ejemplo. He aquí una expresión (instrucción) en Objective-C, es decir, la línea de código que se asigna un valor a una variable.

```
// [1]

x = 4;
```

El punto y coma

A la variable **x** se le asigna el valor **4**. Usted se dará cuenta de que hay un punto y coma al final de la palabra. Él está allí porque el punto y coma se requiere al final de cada expresión. ¿Por qué? Pues bien, el fragmento de código del ejemplo [1] puede parecer extraño, pero un equipo no sabe qué hacer con él a solas. Un programa especial llamado compilador, es necesario para convertir el texto que escribió en ceros y unos para que tu Mac lo entienda. Leer y comprender el texto que escribió un ser humano es muy difícil para un compilador, entonces necesitará darle algunos consejos, por ejemplo, donde termina una expresión particular. Eso es lo que usted hace cuando se utiliza el punto y coma al final de las expresiones.

Si olvida un solo punto y coma en el código, el código no puede ser compilado, es decir, no se puede transformar en un programa que se puede ejecutar en tu Mac.. No se preocupe demasiado por ello ya que el compilador se quejará si no se puede compilar el código. Como veremos en un capítulo posterior, tratará de ayudarle a encontrar lo que está mal.

Las variables de denominación

Mientras que los nombres de variables mismos no tienen un significado especial para el compilador, los nombres que describen bien las variables pueden hacer que un programa sea mucho más fácil de leer y entender. Esta es una gran ventaja cuando se necesita encontrar un error en el código.

Los errores en los programas tradicionalmente se llama **bugs**. El acto de encontrar y reparar ellos se llama depuración (**debugging**).

De hecho, podemos evitar usar los códigos no descriptivos, como nombres de variables x. Por ejemplo, el nombre de una variable para la anchura de una figura puede ser anchoFigura [2].

```
/ / [2]
```

```
anchoFigura = 8;
```

El caso en que el compilador crea cuando se olvida un punto y coma, usted entenderá que la programación es una cuestión de detalles. Uno de esos detalles a prestar atención es el hecho de que el código distingue entre mayúsculas y minúsculas. Es decir, que importa si utiliza letras mayúsculas o no. El nombre de varible anchoFigura no es el mismo que AnchoFigura o ANCHOfigura. De acuerdo con las convenciones generales, construyo mis nombres de las variables fusionando varias palabras, sin la primera letra en mayúscula y todas las demás con la primera letra en mayúscula, como se puede ver en el ejemplo [2]. Este estilo es conocido como **camelCase**. La adhesión a esta convención, puede reducir enormemente las posibilidades de cometer errores de programación debido a mayúsculas y minúsculas.

Tenga en cuenta que los nombres de variables consisten únicamente en una sola palabra (o un solo carácter por lo menos).

Aunque usted tiene la libertad de elegir los nombres de variables, hay algunas reglas que los nombres de variables deben obedecer. Podría decir cuáles son estas reglas, pero sería muy aburrido en este momento. La regla principal es que debe obedecer es que el nombre de sus variables no pueden ser palabras reservadas de Objective-C (es decir, una palabra que tiene un significado especial para el Objective-C). La composición de los nombres de variables con palabras contraídas como anchoFigura, siempre será seguro. Para mantener el nombre de la variable de manera legible, el uso de letras mayúsculas en los nombres de las variables es muy recomiendado. Si se adhieren a esta convención, usted tendrá menos errores en sus programas.

Si usted insiste en aprender unas cuantas reglas, termine de leer este párrafo. Fuera de las letras, el uso de los números es pertimido, pero los nombres de variables no pueden empezar por un número. También se permite el carácter de subrayado "_". A continuación se presentan algunos ejemplos de nombres de variables permitidas.

Buenas nombres de variables:

door8k

do8or

do_or

No se permiten:

puerta 8 (que contiene espacios)

8door (a partir de cifras)

No se recomienda:

Door8 (comienza con una letra mayúscula)

Utilización de variables en los cálculos

Ahora que sabemos cómo asignar un valor a una variable, podemos hacer cálculos. Vamos a echar un vistazo al código para calcular el área de una figura. Aquí está el código [3] que hace esto.

// [3]

```
anchoFigura=8;

altoFigura=6;

areaSuperficieFigura=anchoFigura*altoFigura;
```

Sorprendentemente, el compilador no rellena con espacios (excepto en los nombres de variables, palabras clave, etc.!). Para hacer que el código sea más fácil a la vista, podemos utilizar espacios.

// [4]

anchoFigura = 8;

altoFigura = 6;

areaSuperficieFigura = larguraFigura * alturaFigura;

Números enteros y de punto flotante

Ahora eche un vistazo al ejemplo [5], y en particular en los primeros dos expresiones.

// [5]

anchoFigura = 8;

altoFigura = 4,5;

areaSuperficieFigura = larguraFigura * alturaFigura;

Los números, en general, se pueden clasificar en dos tipos: enteros y los números fraccionarios. Se puede ver un ejemplo de cada una de las instrucciones de [5.1] y [5.2], respectivamente. Los enteros se utilizan para contar, que es algo que hacemos cuando tenemos que repetir una serie de instrucciones para una cantidad específica de veces (bucles). Usted sabe los números fraccionarios o de punto flotante, por ejemplo, el promedio de goles por partido en un torneo.

El código del ejemplo [5], no va a funcionar. El problema es que el compilador quiere que le diga de antemano cuáles son los nombres de las variables que se utilizarán en el programa, y qué tipos de datos que se refieren, por ejemplo, números enteros o de punto flotante. En términos técnicos, esto se llama "declarar una variable".

// [6]

int anchoFigura;

float altoFigura, areaSuperficieFigura;

anchoFigura = 8;

altoFigura = 4,5;

areaSuperficieFigura = larguraFigura * alturaFigura;

En la línea [6.1], **int** indica que la variable anchoFigura es un entero. En la siguiente línea, declaramos dos variables a la vez, separando los nombres de las variables con una coma. Más específicamente, la expresión [6,2] dice que ambas variables son de tipo float, es decir, los números que contienen partes fraccionarias. En este caso, es un poco extraño que anchoFigura sea de un tipo diferente de las otras dos variables. Pero lo que puedo ver es que si se multiplica un **int** por un **float**, el resultado de este cálculo, será un **float**, lo que explica por qué hay que declarar la variable como areaSuperficieFigura [6,2] **float**.

¿Por que el compilador quiere saber si una variable es un número entero o un número con una parte fraccionaria? Bueno, un programa de ordenador necesita una parte de la memoria del ordenador. El compilador reserva memoria (bytes) para cada variable que encuentra. Debido a que existen diferentes tipos de datos, **int** y **float** en este caso, requieren diferentes cantidades de memoria y una representación diferente, el compilador necesita reservar la cantidad correcta de memoria y utilizar la representación correcta.

¿Y si se trabaja con números muy grandes o decimales de gran precisión? ¿Cabrían en los pocos bytes reservados por el compilador, caberían? Muy bien. Hay dos respuestas a est: en primer lugar, tanto **int** y **float** tienen sus tipos respectivos para almacenar números grandes (o los números con gran precisión). En la mayoría de los sistemas son **long** y **double**, respectivamente. Pero incluso ellos puede llenar, lo que nos lleva a la segunda respuesta: como programador, su trabajo consiste en preocuparse por este problema. De todos modos, esto no es un tema a tratar en el primer capítulo de un libro introductorio.

Por cierto, los dos números enteros y decimales puede ser negativos, ya sabes, por ejemplo, su cuenta bancaria. Si sabe que el valor de una variable nunca será negativo, se puede ampliar el rango de valores que se ajustan em los bytes disponibles.

// [7]

unsigned int barrasChocolateEnStock;

No existe cosa parecida como un número negativo de barras de chocolate en Stock, entonces un **unsigned int** puede usarse aquí. El tipo **unsigned int** representa todos los números mayores que o igual a cero.

Declarar una variable

Puede declarar una variable y asignarle un valor a la misma a la vez. [8]

// [8]

int x = 10;

float y = 3,5, z = 42;

Esto ayuda a escribir menos.

Tipos de datos

Como hemos visto, los datos almacenados en una variable puede ser de varios tipos específicos, por ejemplo, un **int** o un **float**.

En Objective-C, los tipos de datos simples como éstos se conocen como datos escalares. Aquí está una lista de datos escalares más comúnmente disponibles en Objective-C tipos:

Nombre	Tipo	Ejemplo
void	Void	Nothing
int	Integer	...-1, 0, 1, 2...
unsigned	Unsigned integer	0, 1, 2...
float	Floating point number	-0.333, 0.5, 1.223, 202.85556
double	Double precision floating point number	0.52525252333234093890 324592793021
char	Character	hello
BOOL	Boolean	0, 1; TRUE, FALSE; YES, NO.

Las operaciones matemáticas

En los ejemplos anteriores, hemos realizado una operación de multiplicación. Utilice los siguientes símbolos, conocidos oficialmente como **operadores**, para hacer cálculos matemáticos básicos.

+ En las sumas

- En las resta

/ Para división

* Para la multiplicación

Con el uso de los operadores, se puede hacer una variedad de cálculos. Si usted echa un vistazo a los códigos de programadores profesionales en Objective-C, verá una serie de peculiaridades, probablemente porque son mecanógrafos perezosos.

En lugar de escribir x = x + 1; algunos programadores suelen recurrir a algo como [9] o [10]

```
// [9]

x ++;
```

```
// [10]

++ X;
```

En ambos casos, esto significa: **x** incrementan en uno. En algunas circunstancias, es importante que el + + estea antes o después del nombre de la variable. Echa un vistazo a los siguientes ejemplos [11] y [12].

```
// [11]

x = 10;

y = 2 * (x ++);
```

```
// [12]

x = 10;

y = 2 * (++ x);
```

En el ejemplo [11], cuando todo haya sido ejecutado, **y** será igual a 20 y **x** será igual a 11. En cambio, en la expresión [12,2], **x** se incrementa en uno antes de que la multiplicación por 2 sea ejectuada. Luego, al final, **x** es igual a 11 e **y** es igual a 22. El código de ejemplo [12] es equivalente al ejemplo [13].

```
/ / [13]

x = 10;

x ++;

y = 2 * x;
```

Por lo tanto, el programador juntó dos expresiones en una sola. Personalmente, creo que esto hace que un programa sea más difícil de leer. Si utiliza este atajo, está bien, pero tenga en cuenta que un error podría estar escondido allí.

Los paréntesis

Esto no va a ser nuevo para usted si terminó la escuela secundaria, se pueden utilizar paréntesis para determinar el orden en que se realizan las operaciones. En general, * y / tienen prioridad sobre los operadores + y -. Luego de 2 * 3 + 4 es igual a 10. El uso de paréntesis, puede forzar que una humilde adición sea ejecutada primero: 2 * (3 + 4) es igual a 14.

División

El operador de división merece una atención especial, ya que hace una gran diferencia cuando se usa con números enteros o de punto flotante. Echa un vistazo a los siguientes ejemplos [14], [15].

```
//[14]

int x = 5, y = 12, tasa;
```

```
tasa =  y / x;
```

//[15]

```
float x = 5, y = 12, tasa;

tasa =  y / x;
```

En el primer caso [14], el resultado es 2. Sólo en el último caso [15], el resultado es lo que probablemente esperaba: 2,4;

Booleano

Un valor **booleano** es simplemente un valor lógico de **verdadero** o **falso**. 1 y 0 que significa verdadero (**true**) y falso (**false**). A menudo se utilizan indistintamente, y se consideran equivalentes:

Verdadero	Falso
1	0

A menudo se utilizan en las evaluaciones a realizar alguna acción dependiendo del valor booleano de una variable o función.

Módulo

Un operador con el que probablemente no estará familiarizado es el % (módulo). No funciona como se esperaba: el operador de módulo no es un cálculo porcentual. El resultado del operador % es el resto de la división del primer operando por el segundo (si el valor del segundo operando es cero, el comportamiento es indefinido %).

//[16]

```
int x = 13, y = 5, resto;
```

resto = x % y;

Ahora el resultado es que el resto es igual a 3 porque x es igual a 2 * y + 3.

Aquí hay algunos ejemplos más de módulo:

21 7% es igual a 0

22 7% es igual a 1

23 7% es igual a 2

24 7% es igual a 3

27 7% es igual a 6

30 2% es igual a 0

31 2% es igual a 1

32 2% es igual a 0

33 2% es igual a 1

34 2% es igual a 0

50 9% es igual a 5

60 29% es igual a 2

Puede ser útil a veces, pero tenga en cuenta que sólo funciona con números enteros.

Un uso popular para el módulo es determinar si un número entero es par o impar. Si es par, entonces el módulo de dos es igual a cero. De lo contrario es igual a otro valor. Por ejemplo:

```
//[17]

int unEntero;


//algún codigo que establezca el valor del int


if ((unEntero % 2) == 0)

{

NSLog(@"unEntero es par");

}

else

{

NSLog(@"unEntero es impar");

}
```

Comentarios en Programación

Introducción

Usando nombres de variables lógicos, podemos hacer nuestro código más legible y comprensible. [1]

```
//[1]

float anchoFigura, anchoFigura, areaSuperficieFigura;

anchoFigura = 8.0;
```

altoFigura = 4.5;

areaSuperficieFigura = anchoFigura * altoFigura;

Hasta ahora nuestros ejemplos de código tienen sólo unas pocas expresiones, pero incluso los programas más pueden crecer rápidamente a cientos o miles de líneas. Al revisar su código después de algunas semanas o meses, puede ser difícil recordar la razón de sus decisiones de programación. Ahí es donde los comentarios cobran su valor. Los comentarios ayudan a entender rápidamente lo que una determinada pieza de código hace y su principio del porque él está allí. Algunos desarrolladores incluso van más allá y siempre empiezan las clases como las revisiones de código, que ayudan a organizar sus ideas y evitar así quedar atrapados en la codificación.

Podemos asegurar que va a recuperar el tiempo perdido en los comentarios en el futuro. También, si comparte el código con alguien más, sus comentarios les ayudarán a adaptar rápidamente el código para sus propias necesidades.

Hacer un comentario

Para crear un comentario, iníciela con dos barras.

/ / Esto es un comentario

En **Xcode** los comentarios se muestran en verde. Si un comentario tiene varias líneas, se one entre </ / **.

/ * Esto es un comentario

que abarca dos filas * /

Comentando código

Veremos brevemente la depuración (**debugging**) de un programa, ya que cuenta con impresionantes herramientas en Xcode para esto. Una antigua forma de depurar un programa era comentar el código. Poner las partes de su código entre / ** /, puede deshabilitar temporalmente ("código de comentario") en una parte del código para ver si el resto funciona como se esperaba. Esto le permitirá cazar errores (**bugs**). Si la parte comentada debería de dar como resultado, por ejemplo, el valor de una variable en particular, puede incluir una línea temporal en la que se establece el valor de la variable a un valor adecuado a fin de probar el resto de su código.

¿Por qué un comentario?

La importancia de los comentarios no pueden ser exagerada. Muchas veces es útil agregar una explicación sobre lo que está sucediendo en una larga serie de expresiones. Eso es porque usted no tiene que deducir lo que hace el código, y usted puede ver inmediatamente si el problema que está experimentando es parte de ese código. También debe usar los comentarios para expresar las cosas que son difíciles o imposibles de deducir a partir del código. Por ejemplo, si se programa una función matemática utilizando un modelo específico descrito en detalle en un libro en alguna parte, usted pondría una referencia bibliográfica en un comentario asociado con el código.

A veces es útil escribir algunos comentarios antes de escribir el código en sí. Esto le ayudará a estructurar sus ideas.

Los ejemplos de código de este libro no contiene muchos comentarios, porque ya están rodeados de explicaciones.

Funciones

Introducción

La mayor parte del código que hemos visto hasta ahora sólo tenía cinco expresiones. Los programas de miles de líneas puede parecer que están lejos de esto, pero debido a la naturaleza de Objective-C, se discute cómo los programas están organizados en una fase temprana.

Si un programa consistiera en una sucesión continua y larga de expresiones, sería difícil de encontrar y concretar el error. A parte de esto, una serie de expresiones en particular pueden aparecer en su código en varios lugares diferentes. Si existiera un error en unos de esos lugares, necesitaría concretar el mismo error en todos los lugares donde está. Eso es una pesadilla, porque es fácil olvidarlo, entonces, las personas pensarían en una forma de organizar el código, volviéndolo más fácil de concretar los errores.

La solución a este problema consiste en agrupar las expresiones dependiendo de su funcionalidad. Por ejemplo, usted puede tener un conjunto de expresiones que le permite calcular el área de un círculo. Una vez que esté seguro de que este conjunto de expresiones funciona de forma fiable, no tienes más que mirar el código en busca de un **bug**. El conjunto de expresiones, llamada de función, tiene un nombre, y usted puede llamarla por su nombre para que su código sea ejecutado. Este concepto de usar funciones es tan fundamental, que siempre hay al menos una función en un programa: la función **main ()**. Esta función **main ()** es lo que el compilador busca, así ya sabrá donde la ejecución del código en tiempo de compilación necesita iniciar.

La función main ()

Vamos a echar un vistazo al código de la función **main ()** con mayor detalle. [1]

/ / [1]

main ()

{

    / / Cuerpo de la función main (). Ponga aquí el código.

}

La expresión [1.1] muestra el nombre de la función, es decir, "**main**", seguido de la apertura y cierre de paréntesis. Mientras que el "**main**" es una palabra reservada, el código de la función **main ()** debe estar presente al definir sus propias funciones, se les puede llamar lo que quieras. Los paréntesis están ahí por una buena razón, pero de eso hablaremos más adelante. En las siguientes líneas [1,2, 1,4], hay llaves. Tenemos que poner nuestro código entre esas llaves{}. Cualquier cosa que haya entre las llaves se denomina el cuerpo de la función. Vamos a ver un ejemplo. [2]

```
//[2]

main()

{

    // Declaración de Variables


    float pictureWidth, pictureHeight, pictureSurfaceArea;


    // Inicialización de Varibales


    pictureWidth = 8.0;

    pictureHeight = 4.5;


    // cálculo con las variables


    pictureSurfaceArea = pictureWidth * pictureHeight;
```

}

Nuestra primera función

Si continuamos añadiendo código al cuerpo de la función **main ()**, acabaríamos con un código estructurado, difícil de depurar, que dijimos que queríamos evitar. Vamos a escribir otro programa, ahora con una cierta estructura. Aparte de la obligada función **main ()**, se crea una función llamada **circleArea ()** [3].

```
//[3]

main()

{

    float pictureWidth, pictureHeight, pictureSurfaceArea;

    pictureWidth = 8.0;

    pictureHeight = 4.5;

    pictureSurfaceArea = pictureWidth * pictureHeight;

}

circleArea()   // [3.9]

{

}
```

Eso fue fácil, pero nuestra función personalizada empezando con la declaración [3,9] no hace nada. Obsérvese que la especificación de la función está fuera del cuerpo de la función main (). En otras palabras, las funciones no están anidadas.

Nuestra nueva función **circleArea ()** debe ser llamada desde la función **main ()**. Vamos a ver cómo podemos hacer esto [4].

//[4]

main()

{

    float pictureWidth, pictureHeight, pictureSurfaceArea,

    circleRadius, circleSurfaceArea; // [4.4]

    pictureWidth = 8.0;

    pictureHeight = 4.5;

    circleRadius = 5.0; // [4.7]

    pictureSurfaceArea = pictureWidth * pictureHeight;

    // Aquí llamamos a nuestra función

    circleSurfaceArea = circleArea(circleRadius); // [4.10]

}

El resto del programa no se muestra (véase [3]).

Pasar parámetros

Hemos añadido un par de variables de tipo **float** [4,4], e inicializamos la variable **circleRadius**, es decir, se le dio un valor de [4,7]. Lo más interesante está en la línea [4,10], donde la función **circleArea ()** es llamada. Como se puede ver, la variable **circleRadius** se coloca entre paréntesis. Ella es um argumento de la función **circleArea ()**. El valor de la variable de **circleRadius** se le está pasando a la función **circleArea ()**. Cuando la función **circleArea ()** termina cualquier cálculo, devuelve el resultado. Vamos a modificar la función **circleArea ()** [3] para reflejar este hecho. [5]

Sólo la función **circleArea ()** será mostrada

```
//[5]

circleArea(float theRadius) // [5.1]

{

    float theArea;

    theArea = 3.1416 * theRadius * theRadius;  // pi times r
square   [5.4]

    return theArea;

}
```

En [5,1] se define que la función de **circleArea ()** un valor de entrada de tipo **float** que se requiere. Cuando se recibe, este valor se almacena en una variable llamada **theRadius**. Utilizamos una segunda variable, **theArea** para almacenar el resultado del cálculo [5,4], por lo que tenemos que declarar [5,3], del mismo modo que declarar las variables en la función **main ()** [4,4]. Usted se dará cuenta que la declaración de variables **theRadius** está hecha entre corchetes [5,1]. La línea de [5,5] devuelve el resultado a la parte del programa desde el que se llama a la función. Como resultado de ello, en la línea[4:11], la variable **circleSurfaceArea** se establece en este valor.

La función del ejemplo [5] está completa, excepto por una cosa. No se especificó el tipo de datos que la función devolverá. El compilador requiere que lo hagamos, entonces no tenemos más remedio que obedecer, e indicar que el tipo es **float** [6,1].

```
//[6]

float circleArea(float theRadius)  //[6.1]

{

    float theArea;

    theArea = 3.1416 * theRadius * theRadius;

    return theArea;

}
```

Como la primera palabra de la línea [6.1] indica, los datos devueltos por esta función (es decir, el valor de la variable theArea) es de tipo **float**. Como programador, se han asegurado de que la variable de **circleSurfaceArea** de la función main () [4,8] tenga también este tipo de dato, por lo que el compilador no tendrá ninguna razón para negarlo.

No todas las funciones requieren un argumento. Si no hay ninguno, los paréntesis () siguen siendo necesarios, incluso si están vacíos.

```
//[7]

int throwDice()

{

    int noOfEyes;
```

```
    // código que genera un valor aleatorio del 1 al 6


    return noOfEyes;

}
```

Devolviendo valores

No todas las funciones devuelven un valor. Si una función no devuelve ningún valor, es de tipo **void**. La declaración **return** es entonces opcional. Si usted lo utiliza, la palabra clave **return** no deberá de estar seguida por un valor o variable.

```
//[8]

void beepXTimes(int x);

{

    // Código del beep x veces


    return;

}
```

Si una función tiene más de un argumento, como función la **pictureSurfaceArea ()** que mostramos a continuación, los argumentos están separados por comas.

```
//[9]

float pictureSurfaceArea(float theWidth, float theHeight)
```

```
{

    // código para calcular el area de la superficie

}
```

La función **main ()** debe, por convención, devuelver un número entero, y por eso, sí, esta tiene una declaración de retorno. Debe devolver 0 (cero [10,9]) para indicar que la función se ejecuta sin problemas. A medida que la función **main ()** devuelve un entero, tenemos que escribir "**int**" antes de **main ()** [10.1]. Vamos a poner todos los códigos que tenemos en una lista.

```
//[10]

int main()

{

    float pictureWidth, pictureHeight, pictureSurfaceArea,

        circleRadius, circleSurfaceArea;

    pictureWidth = 8;

    pictureHeight = 4.5;

    circleRadius = 5.0;

    pictureSurfaceArea =  pictureWidth * pictureHeight;

    circleSurfaceArea = circleArea(circleRadius);      // [10.8]

    return 0;      // [10.9]

}

float circleArea(float theRadius)          // [10.12]
```

```
{
    float theArea;

    theArea = 3.1416 * theRadius * theRadius;

    return theArea;

}
```

Hacer que funcione

Como se puede ver [10], tenemos una función **main ()** [10.1] y otra función que definimos [10,12]. Si compilaramos este código, el compilador nos lo impediría. En la línea [10.8] afirmaría que no conoce la función llamada **circleArea ()**. ¿Por qué? Al parecer, el compilador comienza a leer la función **main ()** y se enfrentó de pronto con algo que no sabemos. Él no pidió nada más allá y le da esta advertencia. Para satisfacer al compilador, simplemente añada una declaración de función antes de la declaración que contenga **int main ()** [11.1]. No hay nada tan difícil, porque es la misma línea [10:12], excepto que termina con un punto y coma. Ahora, el compilador no se sorprenderá al encontrar esta llamada de función.

```
//[11]

float circleArea(float theRadius);  // function declaration

int main()

{
    // código de la función principal aquí

}
```

El resto del programa no se muestra (ver [10]).

Ahora vamos compilar este programa. Primero un par de posibilidades y finales.

Al escribir programas, es aconsejable mantener la futura reutilización de código en mente. Nuestro programa podría tener un **rectangleArea function** (), como se muestra a continuación [12], y esta función se podría llamar en nuestra función **main** (). Esto es útil, incluso si pones el código en una función que se usa una sola vez. La función **main** () hace que sea más fácil de leer. Si usted tiene que depurar el código será más fácil encontrar donde puede estar un error en su programa. Usted puede encontrar que es una función. En lugar de tener que pasar por una larga secuencia de expresiones, sólo hay que comprobar los términos de la función, que son fáciles de encontrar, gracias a las llaves de apertura y cierre.

```
//[12]

float rectangleArea(float length, float width)

{

    return (length * width); //[12.3]

}
```

Como se puede ver, en un caso tan simple como este, es posible tener una sola sentencia [12.3], tanto para el cálculo y devolver el resultado. He utilizado la variable superflua **theArea** en [10,14] sólo para mostrar cómo declarar una variable en una función.

Aunque las funciones definidas en este capítulo son muy triviales, es importante darse cuenta de que se puede modificar una función, sin afectar el código que llama a la función, y en cuanto usted no modifique la declaración de la función (es decir, su primera línea).

Por ejemplo, puede cambiar los nombres de las variables en una función, y la función seguirá funcionando. Alguien podría escribir una función, y se podía utilizar sin saber lo que está sucediendo dentro de la función. Todo lo que necesita saber es cómo utilizar la función. Eso significa saber:

El nombre de la función

El número, tipo y orden de los argumentos de la función

Lo que devuelve la función (el valor del área del rectángulo), y el tipo de resultado

En el ejemplo [12], estas respuestas son, respectivamente:

- **rectangleArea**

Dos argumentos, ambos flotantes, donde le primero representa la longitud y el segundo la anchura.

La función devuelve algo, y el resultado es de tipo float (como se puede aprender de la primera palabra de la declaración [12.1]).

Variables blindadas

El código dentro de la función está protegido desde el programa principal, y otras funciones, para este caso.

Lo que esto significa es que el valor de una variable dentro de una función, por defecto, no se ve afectada por ninguna otra variable en cualquier otra función, a pesar de que tiene el mismo nombre. Esta es otra característica esencial de Objective-C. Más adelante en este libro, vamos a discutir este comportamiento nuevamente. Pero primero, vamos a empezar con **Xcode** y ejecutar el programa anterior [10].

Impresión en pantalla

Introducción

Hemos progresado bien con nuestro programa, pero aún no han discutido la forma de mostrar los resultados de nuestros cálculos. El lenguaje Objective-C en sí mismo no sabe cómo hacerlo, pero por suerte que otros han escrito las funciones para mostrar los resultados que podemos utilizar a nuestro favor. Hay varias opciones para mostrar el resultado en pantalla. En este libro, se utiliza una función proporcionada por el entorno **Cocoa** de Apple: la función **NSLog ()**. Esto es muy bueno porque ahora usted no tiene que preocuparse de mostrar sus resultados impresos en pantalla.

La función **NSLog ()** está diseñado para mostrar mensajes de error, no para mostrar los resultados de las aplicaciones. Pero no es tan fácil de usar que la hemos adoptado en este libro para mostrar los resultados. Cuando tenga más experiencia con **Cocoa**, usted será capaz de utilizar técnicas más sofisticadas.

Usando NSLog

Echemos un vistazo a cómo se utiliza la función **NSLog ()**. En el archivo de **main.m**, introduzca el siguiente código:

```
//[1]

int main()

{

    NSLog(@"Julia es mi actriz favorita.");

    return 0;

}
```

Tras la ejecución, la declaración del ejemplo [1] resultaría el texto "Julia es mi actriz favorita." como se muestra. Este texto entre @ "y" es llamada **string**.

Además de la propia secuencia, la función **NSLog ()** imprime varias informaciones complementarias, tales como la fecha y el nombre de la aplicación. Por ejemplo, la salida completa del programa [1] en mi sistema es:

12/22/2005 17:39:23.084 prueba [399] Julia es mi actriz favorita.

La cadena puede tener una longitud de cero o más caracteres.

En los ejemplos siguientes sólo se mostrarán las declaraciones interesantes de la función **main ().**

//[2]

NSLog(@"");

NSLog(@" ");

La declaración [2,1] contiene cero caracteres y se llama una cadena vacía (es decir, que tiene una longitud igual a cero). La declaración [2,2] no es una cadena vacía, a pesar de lo que parece. Contiene un único espacio, por lo que la longitud de cadena que es 1.

Varias secuencias de caracteres especiales tienen un significado especial en la cadena. Estas secuencias son caracteres especiales más conocidas como secuencias de escape.

Por ejemplo, para forzar a la última palabra de nuestra sentencia para comenzar a imprimir en una nueva línea, se debe incluir un código especial en la declaración de [3,1]. Este código es \ n, short para el carácter de nueva línea.

//[3]

NSLog(@"Julia es mi favorita \nactress.");

Ahora la salida se ve así (sólo la salida correspondiente se muestra):

Julia es mi favorita

actriz.

La barra invertida en [3,1] se llama carácter de escape, la que indica al **NSLog ()** que el siguiente carácter no es un carácter ordinario que se imprima en la pantalla, pero el carácter que tiene un significado especial: en este caso la "n" significa "iniciar una nueva línea."

En el raro caso de que usted desee imprimir una barra invertida en la pantalla, puede parecer que tiene un problema. Si el carácter después de la barra invertida tiene un significado especial, ¿cómo es posible imprimir una barra invertida? Bueno, acabamos de poner otra barra invertida antes (o incluso después) de la barra invertida. Esto le dice al **NSLog ()** que la barra invertida (segunda), es decir, el uno más a la derecha, se va a imprimir y que cualquier significado especial debe ser ignorado. Aquí está un ejemplo:

//[4]

NSLog(@"Julia es mi actriz favorita.\\n");

la sentencia [4.1] deberá resultar lo siguiente al ejecutarse:

Julia es mi actriz favorita.\n

Viendo las variables

Hasta el momento, hemos mostrado sólo cadenas estáticas. Vamos a imprimir el valor obtenido del cálculo en la pantalla.

//[5]

int x, integerToDisplay;

x = 1;

integerToDisplay = 5 + x;

NSLog(@"El valor del entero es %d.", integerToDisplay);

Tenga en cuenta que, entre paréntesis, tenemos una cadena, una coma y el nombre de la variable. La cadena contiene algo gracioso: **% d**. Al igual que la barra invertida, el carácter porcentaje **%** tiene un significado especial. Si Seguido por una **d** (abreviatura de número decimal), después de la ejecución, en la posición del valor de salida **%d** de lo que es después de la coma, es decir, el valor actual de la variable de **integerToDisplay**, se insertará. La ejecución del ejemplo [5] es:

El valor del entero es 6.

Para mostrar un valor **float**, usted tiene que utilizar **%f** en lugar de **%d**.

//[6]

float x, floatToDisplay;

x = 12345.09876;

floatToDisplay = x/3.1416;

NSLog(@"El valor del Flotante es %f.", floatToDisplay);

Depende de cuántas cifras significativas se muestran. Para mostrar dos dígitos significativos, se pone .2 entre % y f, de la siguiente manera:

//[7]

float x, floatToDisplay;

x = 12345.09876;

floatToDisplay = x/3.1416;

NSLog(@"The value of the float is %.2f.", floatToDisplay);

Más tarde, cuando aprenda a repetir los cálculos, es posible que desee crear una tabla de valores. Imagine la tabla de conversión de grados Fahrenheit a Celsius. Si desea visualizar los valores bien, deseará que los valores de las dos columnas de datos tengan un ancho fijo. Puede especificar este ancho con un valor entero entre % y f (o % y d, para este caso). Sin embargo, si se especifica que es menor la anchura del número, el ancho del número toma la prevalencia.

//[8]

int x = 123456;

NSLog(@"%2d", x);

NSLog(@"%4d", x);

NSLog(@"%6d", x);

NSLog(@"%8d", x);

Ejemplo [8] tiene el siguiente resultado:

123456

123456

123456

123456

En las dos primeras declaraciones [8,2, 8,3] que en realidad dicen muy poco espacio para el número que se muestra en su totalidad, pero el espacio es tomado de todos modos. Sólo la declaración [8,5] especifica un ancho mayor que el valor, por lo que ahora vemos la aparición de espacios adicionales, lo que indica la anchura del espacio reservado para el número.

También es posible combinar la especificación de la anchura y el número de números decimales a visualizar.

//[9]

float x=1234.5678

NSLog(@"Reserve un espacio de 10, y muestre 2 dígitos significantes.");

NSLog(@"%10.2d", x);

Viendo varios valores

Por supuesto, es posible mostrar más de un valor, o cualquier combinación de los valores de [10,3]. Deberá de estar seguro de que su propiedad indica el tipo de dato (**int, float**), usando **%d** y **%f.**

//[10]

```
int x = 8;

float pi = 3.1416;

NSLog(@" El valor Entero es %d, mientras que el valor Flotante
es &f.", x, pi);
```

Símbolos iguales a los valores

Uno de los errores más comunes que hacen los principiantes es la
incorrecta especificación del tipo de dato en **NSLog ()** y otras
funciones. Si los resultados son extraños, o el programa
simplemente se cuelga sin razón, mira a tus fichas de tipo de datos.

Por ejemplo, si te engañe la primera vez, la segunda no debería
de mostrarse correctamente, por ejemplo:

```
//[10b]

int x = 8;

float pi = 3.1416;

NSLog(@"El valor del Entero es %f, mientras que el valor del
Flotante es %f.", x, pi);

// esto se puede leer: NSLog(@"El valor entero es %d, mientras
que el valor Flotante es %f.", x, pi)
```

Dando el siguiente resultado:

El valor del Entero es 0.000000, mientras que el valor del
Flotante es 0.000000

La vinculación a la Fundación

Estamos a sólo una pregunta y una respuesta fuera de ejecutar nuestro primer programa.

Entonces, ¿cómo nuestro programa conoce esta útil función **NSLog ()**? Bueno, no es así, a menos que se lo pida. Para ello, nuestro programa tiene que indicar al compilador que importe la biblioteca de objetos, que por suerte viene gratis con cada Mac, incluyendo la función **NSLog ()**, mediante la instrucción:

#import <Foundation/Foundation.h>

Esta declaración debe ser la primera instrucción de nuestro programa. Cuando ponemos juntos todo lo que hemos aprendido en este capítulo, se obtiene el siguiente código, que vamos a ejecutar en el próximo capítulo.

```
//[11]

#import <Foundation/Foundation.h>

float circleArea(float theRadius);

float rectangleArea(float width, float height);

int main()

{

    float pictureWidth, pictureHeight, pictureSurfaceArea,

    circleRadius, circleSurfaceArea;

    pictureWidth  = 8.0;

    pictureHeight = 4.5;
```

```
    circleRadius  = 5.0;

    pictureSurfaceArea = rectangleArea(pictureWidth,
pictureHeight);

    circleSurfaceArea = circleArea(circleRadius);

    NSLog(@"Area del Círculo: %10.2f.", circleSurfaceArea);

    NSLog(@"Area de la Imagen: %f. ", pictureSurfaceArea);

    return 0;

}

float circleArea(float theRadius)        // primera medida
function

{

    float theArea;

    theArea = 3.1416 * theRadius * theRadius;

    return theArea;

}

float rectangleArea(float width, float height) // segunda medida

{

    return width*height;

}
```

Compilación y ejecución de un programa

Introducción

El código que hemos producido hasta ahora no es más que una gran cantidad de texto que pueden leer los seres humanos. Aunque no es exactamente prosa para nosotros, es aún peor para tu Mac, que no puede hacer nada con él en absoluto. Un programa especial, llamado compilador, es necesario para convertir el código de programación en código en tiempo de ejecución que podrá ser ejecutado por tu Mac. Esto es parte del entorno libre de programación de Apple **Xcode**. Usted debe haber instalado Xcode usando el disco que viene con su copia de Mac OS X. En cualquier caso, el Compruebe que dispone de la última versión, que se puede descargar desde la sección de desarrollo en http://developer.apple.com.

Crear el proyecto de creación de un proyecto

Ahora, empezamos con Xcode, que se encuentra en la carpeta **Aplicaciones** de la carpeta **Developer**. Cuando haces esto, por primera vez, se le pedirá un par de preguntas. De acuerdo con las sugerencias predeterminadas, que están bien, y siempre se puede cambiar en las preferencias después, en caso de que desee. Para realmente empezar, seleccione **Nuevo proyecto** en el menú **Archivo**. Aparecerá una ventana de diálogo que contiene una lista de tipos de proyectos posibles.

El asistente de **Xcode** te permite crear nuevos proyectos.

Queremos crear un programa muy simple en Objective-C, sin una GUI (Graphical User Interface), para desplazarse hacia abajo y seleccionar la herramienta de la Fundación (Foundation Tool) en la sección de Utilidad de Comandos en Línea (Command Line Utility).

Establezca un nombre para su aplicación, como "justatry". Elija la ubicación donde desea guardar su proyecto y haga clic en **Finish**.

El proyecto que vamos a crear se puede ejecutar desde el Terminal. Si usted quiere ser capaz de hacer esto, y quiere evitar enfrentamientos, asegúrese de que el nombre de su proyecto es de sólo una palabra. Por otra parte, no es habitual empezar a publicar los nombres de los programas a partir del Terminal con letras mayúsculas. Por otra parte, los nombres de los programas con interfaz gráfica de usuario deben empezar con una letra mayúscula.

Exploración de Xcode

Ahora se le presenta una ventana donde el programador que va a ver muchas cosas. La ventana tiene dos marcos. A la izquierda está la **"Groups & Files"** que es el marco para acceder a todos los archivos del que el programa se compone. Actualmente no hay demasiados, pero más tarde cuando se está creando programas GUI multilenguajes, aquí es donde podrá encontrar los archivos de la interfaz gráfica de usuario y para los diferentes idiomas. Los archivos se agrupan y se mantiene dentro de las carpetas, pero tendrá que buscar estas carpetas en su disco duro. Xcode ofrece estas carpetas virtuales ("**Groups**") con el propósito de organizar tus cosas.

En el marco de la izquierda en los llamados **Groups & Files**, abra el grupo **justatry** para ir al grupo donde podrá ver la Fuente. En ella hay un archivo llamado **justatry.m** [1]. Recuerde que cada programa debe contener una función llamada **main ()**. Bueno, este es el archivo que contiene esta función **main ()**. Más adelante en este capítulo vamos a modificarlo para incluir el código de nuestro programa. Si abre **justatry.m** haciendo doble clic en su icono, usted verá una sorpresa agradable. Apple ha creado la función **main ()** para usted.

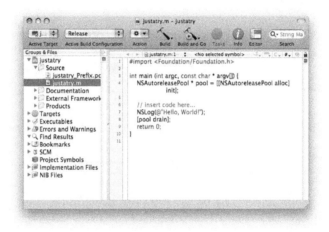

Xcode mostrará la función main ().

//[1]

#import <Foundation/Foundation.h>

int main (int argc, const char * argv[]) //[1.2]

{

```
    NSAutoreleasePool * pool = [[NSAutoreleasePool alloc] init];
//[1.4]

    // insert code here...

    NSLog(@"Hello, World!");

    [pool drain]; //[1.7]

    return 0;

}
```

Echa un vistazo al programa y busque cosas que usted reconoce. Usted verá:

La sentencia **import** es requerida para funciones tales como **NSLog ()**.

La función **main ().**

Las llaves que tienen que contener el cuerpo de nuestro programa.

El comentario, que nos invita a poner nuestro código allí.

Una declaración **NSLog ()** para la impresión de la cadena en la pantalla.

El retorno 0; la sentencia.

Hay un par de cosas también que no reconocerán:

Dos argumentos de aspecto gracioso entre los paréntesis de la función **main ()** [1,2]

La declaración de partida con NSAutoreleasePool [1,4]

Otra declaración que contiene las palabras **pool** y **drain** [1,7]

Personalmente no estoy muy feliz cuando me presentan a autores de libros, el lector, lleno de código no están familiarizados con las declaraciones y promesas de que todo se aclarará más adelante. Sí, claro. Es por eso que salí de mi camino para que se familiarice con el concepto de "funciones" para que no se enfrentara a nuevos conceptos de más.

Usted ya sabe que sus funciones son una forma de organizar el programa, que cada programa tiene una función main (), y como que aspecto tienen las funciones. Sin embargo, tengo que admitir que no puede explicar todo lo que ves en el ejemplo [1] en estos momentos. Lo siento de verdad, tengo que pasar por alto estas declaraciones (es decir, [1,2, 1,4 y 1,7]), por el momento. Hay otras cosas sobre el lenguaje Objective-C que usted necesita para familiarizarse, que le permitirá escribir programas sencillos. Lo bueno es que usted lo ha hecho ya con anterioridad en los capítulos anteriores, y los próximos capítulos son bastante más fáciles, antes de que tengamos que lidiar con algunas cosas más complicadas otra vez.

Si usted realmente no quiere quedarse sin ninguna explicación, aquí está el resumen ejecutivo.

Los argumentos de la función main () son necesarios para ejecutar el programa desde el Terminal. El programa recoge la memoria. La Memoria que otros programas desean utilizar cuando haya terminado con él. Como programador, es su trabajo reservar la memoria que usted necesitará. De igual importancia, que tiene que devolver la memoria cuando haya terminado. Esto es lo que las dos declaraciones con la palabra "pool" son para eso.

Build and Go

Vamos a ejecutar el programa proporcionado por Apple [1]. Pulse el icono del martillo etiquetado como **Build and Go** para construir (**compilar**) y ejecutar la aplicación.

Build and Go

El botón Build and Go.

El programa se ejecuta y los resultados se imprimen en la ventana de Registro de ejecución, junto con alguna información adicional. La última frase dice que el programa ha salido (parado) con retorno 0. Hay que ver el valor de cero que es devuelto por la función **main ()**, que se analizan en el capítulo 3 [7,9]. Por lo tanto, nuestro programa llegó a la última línea y no se detuvo antes de tiempo. Hasta aquí todo bien.

Bugging

Volvamos al ejemplo [1], vamos a ver qué pasa si hay un error en el programa. Por ejemplo, he sustituido la declaración **NSLog ()** por otra, pero "olvidé" el punto y coma que indica el final de la declaración.

```
//[2]

#import <Foundation/Foundation.h>

int main (int argc, const char * argv[])

{

    NSAutoreleasePool * pool = [[NSAutoreleasePool alloc] init];


    // insert code here...


    //aquí olvidamos el punto y coma
```

NSLog(@"Julia es mi actriz favorita")

[pool drain]; //[2.9]

return 0;

}

Para crear la aplicación, presione el ícono en la barra de herramientas. El círculo rojo aparece antes de la declaración [2,9].

```
◀  ▶  justatry.m:7  ⬍   main()  ⬍                    C ▾  # ▾
 1   #import <Foundation/Foundation.h>
 2
 3   int main (int argc, const char * argv[]) {
 4       NSAutoreleasePool * pool = [[NSAutoreleasePool alloc]
                 init];
 5
 6       // insert code here...
 7       NSLog(@"Step1: create a bug!")
 8       [pool drain];
              error: syntax error before 'drain'
              error: syntax error before 'drain'
 9       return 0;
10   }
11
```

Xcode señala un error de compilación.

Si hace clic en él, la línea por debajo de la barra de herramientas muestra una breve descripción de la advertencia:

error: parse error before "drain"

El análisis es una de las primeras cosas que hace el compilador: Camina a través del código y comprueba si se puede entender cada y todas las líneas. Para ayudar a entender el significado de las diversas partes, le toca a usted proporcionar pistas. Por lo tanto, para la declaración de importación [2,1], usted tiene que proporcionar una almohadilla (#). Para indicar el final de una sentencia [2.8], usted tiene que proporcionar un punto y coma. Para el tiempo de compilación, la línea [2,9], se da cuenta de que algo anda mal. Sin embargo, no se da cuenta de que el problema no ocurrió en esta línea, sino que fue en la línea anterior donde falta el punto y coma. La lección importante aquí es que, mientras que el compilador intenta dar información sensible, que la retroalimentación no es necesariamente una descripción exacta del problema actual, ni es la posición en el programa necesariamente la posición real del error.

Arregle el programa agregando el punto y coma y ejecute el programa de nuevo para asegurarse de que funciona bien.

Nuestra primera aplicación

Ahora vamos a tomar el código del último capítulo, y tejerla en el código proporcionado por Apple[1], lo que resulta el ejemplo [3].

```objc
//[3]

#import <Foundation/Foundation.h>

float circleArea(float theRadius);    // [3.3]

float rectangleArea(float width, float height);    // [3.4]

int main (int argc, const char * argv[])    // [3.6]

{

NSAutoreleasePool * pool = [[NSAutoreleasePool alloc] init];

int pictureWidth;

float pictureHeight, pictureSurfaceArea,

    circleRadius, circleSurfaceArea;
```

```objc
    pictureWidth = 8;

    pictureHeight = 4.5;

    circleRadius = 5.0;

    pictureSurfaceArea = pictureWidth * pictureHeight;

    circleSurfaceArea = circleArea(circleRadius);

    NSLog(@"Area de la Imagen: %f.  Area del Círculo: %10.2f.",

        pictureSurfaceArea, circleSurfaceArea);

    [pool drain];

    return 0;

}

float circleArea(float theRadius)          // [3.22]

{

    float theArea;

    theArea = 3.1416 * theRadius * theRadius;

    return theArea;

}

float rectangleArea(float width, float height)  // [3.29]

{

    return width*height;
```

}

Tómese su tiempo para asegurarse de que entiende la estructura del programa. Tenemos los encabezados de función [3,3, 3,4] de nuestra las funciones **circleArea ()** [3:22] y **rectangleArea ()** [3:29] antes de la función **main ()** [3,6], como debe ser. Nuestras funciones personalizadas están fuera de las llaves de la función **main ()** [3,5]. Ponemos el código del cuerpo de la función main () en la que Apple nos ha dicho que lo puso.

Cuando se ejecuta el código, se obtiene el siguiente resultado:

Área de imagen: 36,000000. Área del círculo: 78,54.

justatry ha salido con el estado 0.

Depuración

Cuando el programa se hace más complicado, es más difícil de depurar. Así que a veces usted querrá saber lo que está sucediendo dentro del programa mientras se está ejecutando, Xcode lo hace fácil de hacer. Basta con hacer clic en el margen gris antes de que las declaraciones que se desea conocer los valores de las variables. Xcode insertará **el punto de ruptura (breakpoint)**, representado por un icono de la flecha gris azul.

```
8
9    #import <Foundation/Foundation.h>
10
11   float circleArea(float theRadius);   // [3.3]
12   float rectangleArea(float width, float height);   // [3.4]
13   int main (int argc, const char * argv[])   // [3.6]
14   {
15       NSAutoreleasePool * pool = [[NSAutoreleasePool alloc] init];
16       int pictureWidth;
17       float pictureHeight, pictureSurfaceArea,
18       circleRadius, circleSurfaceArea;
19       pictureWidth = 8;
20       pictureHeight = 4.5;
21       circleRadius = 5.0;
22       pictureSurfaceArea = pictureWidth * pictureHeight;
23       circleSurfaceArea = circleArea(circleRadius);
24       NSLog(@"Area of picture: %f. Area of circle: %10.2f.",
25               pictureSurfaceArea, circleSurfaceArea);
26       [pool drain];
27       return 0;
28   }
```

Establecer un punto de interrupción en el código

Tenga en cuenta que se pueden ver los valores de las variables antes de esa declaración especial se ejecute, por lo que tendrás que poner menudo, el punto de interrupción en la instrucción después de la que usted está interesado en ver.

Ahora, mantenga el ratón pulsado mientras hace clic en el segundo botón de martillo en la barra de herramientas, y un menú pop-up.

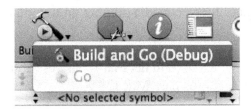

The Build and Go (Debug) menú emergente.

Seleccione **Build and Go (Debug)**. Verá la siguiente ventana.

El depurador de Xcode te permite ejecutar el programa paso a paso y observar las variables.

El programa se ejecutará hasta que se alcanza el punto de interrupción en primer lugar. Si marca el panel superior derecho, usted será capaz de ver los valores de las distintas variables. Los valores establecidos o modificados desde el último punto de interrupción se muestran en rojo. Para continuar con la ejecución, utilice el botón **Continuar**. El depurador es una herramienta de gran alcance. Juega con ella durante un tiempo para familiarizarse con él.

Ahora tenemos todo lo necesario para escribir, depurar y ejecutar programas sencillos para Mac OS X.

Si usted no desea crear programas de interfaz gráfica de usuario, lo único que tienes que hacer ahora es poder aumentar su conocimiento de Objective-C para que pueda desarrollar más sofisticados programas no gráficos. En los próximos capítulos vamos a exactamente eso. Después de eso, nos sumergiremos en aplicaciones basadas en **GUI**.

Expresiones condicionales

if ()

A veces, usted quiere que su código pueda realizar una serie de acciones sólo si una determinada condición se cumple. Las palabras clave especiales se proporcionan en [1,2].

//[1]

// la edad es una variable enteera que almacena la edad del usuario

if (age > 30)   // el símbolo > significa "mayor que"

{

    NSLog(@"la edad es mayor de treinta"); //[1.4]

}

NSLog(@"Finished."); //[1.6]

La línea [1.2] muestra el **if ()**, también conocido como una **sentencia condicional**. Usted reconocerá las llaves, que contienen todo el código que desea ejecutar si la expresión lógica entre paréntesis se evalúa como verdadera. En este caso, si la edad, condición> 30 se cumple entonces la cadena [1.4] se imprimirá. Si la condición se cumple o no, la cadena de la línea [1.6] se imprime, porque está fuera de la cláusula de llaves if ()

if () else ()

También podemos proporcionar un conjunto de instrucciones si la condición no se cumple, utilizando una expresión **if ... else** [2].

```
//[2]

// la edad es uuna variable entera

if (age > 30)

{

    NSLog(@"su edad es mayor de 30");  //[2.4]

}

else

{

    NSLog(@"su edad es menor de 30");  //[2.7]

}

NSLog(@"Finalizado.");
```

Una expresión de tipo string [2,7] se imprimirá sólo si la condición no se cumple, este no es el caso. [2]

Comparaciones

Fuera del signo de mayor que hay en la expresión [2.2], los siguientes operadores de comparación para los números están a su disposición.

Igual a ==

> Mayor que

< Menor que

>= Mayor o igual que

<= Menor o igual a

! = No igual a

Tome nota especial sobre el operador de igualdad, son dos signos de igual. Es muy fácil olvidarse de eso y sólo usar un signo igual. Desafortunadamente, este es el operador de asociación, y atribuiría la variable a un valor en particular. Esta es una causa común de confusión, y de código con errores, para los principiantes. Ahora lo digo en voz alta: No voy a olvidar el uso de dos signos de igual para comprobar la igualdad.

Los operadores de comparación son útiles cuando se desea repetir una serie de frases repetidas veces. Este será el tema del siguiente capítulo. En primer lugar, vamos a discutir algunos otros aspectos de si las declaraciones pueden ser útiles.

Ejercicio

Echemos un vistazo más de cerca a la comparación. Se produce una operación de comparación en sólo uno de los dos posibles resultados: El resultado es verdadero o falso.

En Objective-C, verdadero o falso se representan por 1 o 0, respectivamente. Hay incluso un tipo de datos especial llamada **BOOL** que se puede utilizar para representar esos valores. Para indicar el valor "real", puede escribir ya sea **1** o **YES**. Para indicar el valor "falso", puede escribir tanto **1** como **NO**.

```
//[3]

int x = 3;

BOOL y;

y = (x == 4);  // será 0.
```

Puede marcar más de una condición. Si hay más de una condición que debe cumplirse, use un **AND** lógico representado por dos **&**: **&&**. Si al menos una de las condiciones se deben cumplir, o un **OR** lógico representado por dos barras verticales: | |.

```
//[4]

if ( (age >= 18) && (age < 65) )

{

    NSLog(@"Probablemente tengas que trabajar para vivir.");

}
```

También se pueden anidar expresiones condicionales. Esto es simplemente una cuestión de poner una expresión condicional dentro de las llaves de otra expresión condicional. Primero la condición externa será evaluado, entonces, si se contesta, la siguiente expresión desde dentro será atendida, y así sucesivamente:

```
//[5]

if (age >= 18)
```

```
{
    if (age < 65)
    {
        NSLog(@"Probablemente tengas que trabajar para vivir.");
    }
}
```

Repetir expresiones con While

Introducción

En todos los códigos que se han discutido hasta ahora, cada expresión se realiza sólo una vez. Podríamos repetir el código de las funciones de llamándolas repetidamente [1].

```
/ / [1]
NSLog(@"Julia es mi actriz favorita.");
NSLog(@"Julia es mi actriz favorita.");
NSLog(@"Julia es mi actriz favorita.");
```

Pero aún así, es necesario repetir. En ocasiones, usted tendrá que ejecutar una o más sentencias varias veces. Como en todos los lenguajes de programación, Objective-C ofrece varias maneras de hacer esto.

for ()

Si conoce el número de veces que una expresión o grupo de expresiones que necesita ser repetida, puede especificar el número incluyendo la expresión "for" del ejemplo [2]. El número debe ser un entero, ya que no se puede repetir una operación, por ejemplo, 2,7 veces.

```
//[2]

int x;

for (x = 1; x <= 10; x++)

{

    NSLog(@"Julia es mi actriz favorita");   //[2.4]

}

NSLog(@"El valor de x és %d", x);
```

En el ejemplo [2], la cadena [2,4] saldrá impresa 10 veces. En primer lugar, el valor **1** es asignado a **x**. La computadora entonces evalúa la condición de la fórmula que hemos puesto en marcha: **x <= 10**. Esta condición se satisface, ya que x es igual a 1, entonces la(s) expresión(es) entre las llaves son ejecutadas. Entonces, el valor de **x** se incrementa aquí en **1** debido a la expresión x + +. Entonces, el valor de **x** va aumentando, aquí por uno, debido a la expresión x + +. Posteriormente, el valor resultante de **x**, ahora **2**, se compara a 10. Como aún es menor que y diferente de **10**, las expresiones entre llaves se ejecutan de nuevo. Tan pronto como x es **11**, la condición **x <= 10** ya no se cumple. La última sentencia [2.6] se incluyó para demostrarte que **x** es **11** y no **10**, después de que el bucle ha terminado.

A veces, usted tendrá que tomar pasos más grandes que un simple incremento **x + +**. Todo lo que necesitas es sustituir la expresión que usted necesita. En el siguiente ejemplo [2] convertimos grados Fahrenheit a grados Celsius.

```
//[3]

float celsius, tempEmFahrenheit;

for (tempImFahrenheit = 0; tempImFahrenheit <= 200;
tempImFahrenheit = tempImFahrenheit + 20)

{

    celsius = (tempEmFahrenheit - 32.0) * 5.0 / 9.0;

    NSLog(@"%10.2f -> %10.2f", tempEmFahrenheit, celsius);

}
```

La salida de este programa es:

0.00 -> -17.78

20.00 -> -6.67

40.00 -> 4.44

60.00 -> 15.56

80.00 -> 26.67

100.00 -> 37.78

120.00 -> 48.89

140.00 -> 60.00

160.00 -> 71.11

180.00 -> 82.22

200.00 -> 93.33

while ()

Objective-C tiene dos formas para repetir un conjunto de expresiones:

while () { }

y

do {} while ()

El primero es básicamente idéntico al bucle "**for**" que se discutió anteriormente. Este se inicia haciendo una evaluación de la condición. Si el resultado de esta evaluación es falso, las expresiones del bucle no se ejecutan.

```
//[4]

int counter = 1;

while (counter <= 10)

{

    NSLog(@"Julia es mi actriz favorita.\n");

    counter = counter + 1;

}

NSLog(@"El valor del contador es %d", counter);
```

En este caso, el valor del contador es de **11**, en caso de necesitarla más adelante en su programa.

Con la instrucción **do {} while ()**, las instrucciones entre las llaves se ejecuta al menos una vez.

```
//[5]

int counter = 1;

do

{

    NSLog(@"Julia es mi actriz favorita.\n");

    counter = counter + 1;

}

while (counter <= 10);

NSLog(@"El valor de contador es %d", counter);
```

El valor del contador al final es **11**.

Ha ganado algo más de conocimientos de programación, por lo que ahora será más difícil de abordar los siguientes temas. En el próximo capítulo, vamos a constuir nuestro primer programa de usuario con la **interfaz gráfica de usuario – Graphical User Interface (GUI).**

Un programa con interfaz gráfica de usuario

Introducción

Ahora que aumentamos nuestros conocimientos en Objective-C, estamos dispuestos a discutir cómo crear un programa con interfaz gráfica de usuario (**GUI**). Tengo que confesar algo. **Objective-C** es una extensión de un lenguaje de programación llamado **C**. La mayor parte de lo que hemos discutido hasta ahora es sólo puro **C**. Entonces en que se diferencia **Objective-C** de **C**? Está en la parte "Objetive". El **Objetive-C** se maneja con nociones abstractas conocidas como objetos.

Hasta ahora, hemos lidiado pricipalmente con números. Como ha aprendido, Objective-C soporta de forma nativa el concepto de los números. Es decir, que le permite crear números en la memoria y manipularlos con operadores y funciones matemáticas. Esto es óptimo cuando su aplicación trabaje con números (por ejemplo, una calculadora). Pero si su aplicación es, digamos, un jukebox musical que se ocupa de cosas como canciones, listas de reproducción, artistas, etc.? O si su aplicación es un sistema de control de tráfico aéreo que se encarga de aviones, vuelos, aeropuertos, etc.? ¿No sería agradable ser capaz de manejar estas cosas con Objective-C con tanta facilidad como la manipulación de los números?

Ahí es donde los objetos entran en juego. Con Objective-C se pueden definir los tipos de objetos que usted está interesado en tratar, y luego escribir aplicaciones que los manipulen.

Los objetos en acción

Como ejemplo, echaremos un vistazo a cómo las ventanas se manipulan dentro de un programa escrito en Objective-C, como Safari. Echa un vistazo a una ventana abierta en Safari en tu Mac En la parte superior izquierda hay tres botones. El rojo es el botón de cierre. Entonces, ¿qué sucede si se cierra una ventana haciendo clic en ese botón rojo? Un mensaje es enviado a la ventana. En respuesta a este mensaje, la ventana se ejecuta algún código para cerrarse.

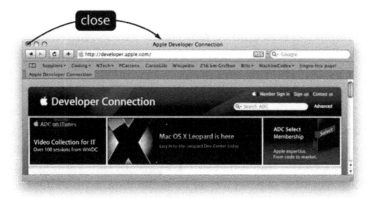

La ventana es un objeto. Puede arrastrarlo por la pantalla. Los tres botones son objetos. Puede hacer clic sobre ellos. Estos objetos tienen una representación visual en la pantalla, pero esto no se aplica a todos los objetos. Por ejemplo, el objeto que representa la conexión entre Safari y un determinado sitio web no tiene una representación visual en la pantalla.

Clases

Usted puede tener tantas ventanas de Safari como desee. Usted piensa como los programadores de Apple:

a. previamente programan cada una de las ventanas, utilizando su capacidad mental para predecir cuántas ventanas es posible que desee tener, o

b. hizo una especie de modelo y permitió que el Safari cree los objetos de ventana en cualquier momento?

Por supuesto, la respuesta es b. Ellos crearon un código, llamado **clase**, que define lo que es una ventana y cómo debe ser su apariencia y comportamiento. Cuando se crea una nueva ventana, la verdad es que es esta clase la que crea una ventana para ti. Esta clase representa el concepto de una ventana, y cualquier ventana en particular es una instancia de este concepto (el mismo que 76 es un ejemplo del concepto de número).

Las variables de instancia

La ventana que se ha creado se muestra en un lugar determinado de la pantalla de tu Mac. Si minimiza la ventana para el **Dock**, y vuelve a aparecer, lo será en la misma posición en la pantalla como antes. ¿Cómo funciona esto? La clase define variables apropiadas para recordar la posición de la ventana en la pantalla. La instancia de la clase, es decir, el objeto contiene los valores actuales de las variables. Luego, cada objeto ventana contiene los valores de ciertas variables, y los diferentes objetos ventana por lo general contienen valores diferentes para estas variables.

Métodos

La clase no sólo creó el objeto ventana, sino que también le dio acceso a una serie de acciones que se pueden hacer. Una de esas acciones es cerrar. Al hacer clic en el "cierre" de una ventana, el botón envía el mensaje de cierre a la ventana de objeto. Las acciones que pueden ser realizadas por un objeto se denominan métodos. Como se puede ver, se parecen mucho a las funciones, entonces usted no tendrá muchos problemas para aprender a usarlas si nos siguió hasta aquí.

Los objetos en memoria

Cuando la clase crea un objeto de ventana para usted, se reserva memoria (RAM) para almacenar la posición de la ventana y otra información. Sin embargo, no tiene una copia del código para cerrar la ventana. Eso sería una pérdida de la memoria del ordenador ya que este código es el mismo para todas las ventanas. El código para cerrar una ventana necesita estar presente sólo una vez, pero todos los objetos de ventana tienen acceso a ese código perteneciente clase de ventana.

Al igual que antes, el código que está a punto de ver en este capítulo contiene unas pocas líneas para reservar y liberar memoria al sistema. Como ya se ha dicho, no vamos a discutir lo avanzado hasta más tarde. Lo siento.

Ejercicio

Nuestra aplicación

Vamos a crear una aplicación con dos botones y un campo de texto. Si se pulsa un botón, se introduce un valor en el campo de texto. Si aprieta otro botón, otro valor se introduce en el campo de texto. Piense en ello como una calculadora de 2 botones que hace los cálculos. Por supuesto, una vez que se aprende más, se puede entender como crear una calculadora de verdad, pero me gustan los pasos pequeños.

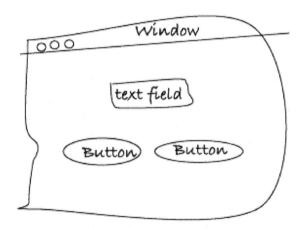

Un esquema de la aplicación que desea crear

Si uno de los botones de nuestra aplicación es presionado, se envía un mensaje. Este mensaje contiene el nombre de un método a ejecutar. Este mensaje se envía a, bueno, ¿y qué? En el caso de la ventana, un mensaje para cerrar ha sido enviado al objeto de ventana, que era una instancia de la clase de ventana. Lo que necesitamos ahora es un objeto que puede recibir un mensaje de cada uno de los dos botones, y decirle al objeto de campo de texto para mostrar un valor.

Nuestra primera clase

Así que tenemos que crear nuestra propia clase, y luego crear una instancia de ella. Este objeto es el receptor de los mensajes de los botones. Como un objeto de ventana, nuestro ejemplo es un objeto, pero diferente a un objeto de ventana, no podemos ver nuestro ejemplo en la pantalla cuando se ejecuta el programa. Es algo de la memoria de Mac

Cuando nuestro cuerpo recibe un mensaje enviado por uno de los botones (dos), el método apropiado se ejecutará. El código para este objeto se almacena en la clase (no en la propia instancia). Una vez en funcionamiento, este método restablecerá el texto en el objeto de campo de texto.

Como el método de nuestra clase sabe cómo restablecer el texto en un campo de texto? De hecho, él no lo sabe. Pero el campo de texto actual sabe cómo restablecer su propio texto. Luego le enviamos un mensaje al objeto de campo de texto, pidiéndole que hiciera eso. ¿Qué tipo de mensaje debe ser ese? Por supuesto, tenemos que especificar el nombre del destinatario (es decir, el objeto de campo de texto en la ventana). También tenemos que decir en el mensaje, qué es lo que queremos que el receptor haga. Especificamos esto usando el nombre del método que el campo de texto tendrá que realizar cuando se recibe el mensaje. (Obviamente, tenemos que saber qué métodos del campo de texto se pueden ejecutar, y cómo se llaman.) También tenemos que decirle al objeto de campo de texto que mostre el valor (en la función del botón pulsado). Por lo tanto, la expresión para enviar el mensaje no sólo contiene el nombre del objeto y el nombre del método, sino también un argumento (valor) para ser utilizado por el método del objeto de campo de texto.

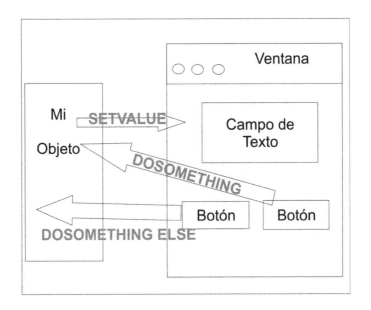

Un esquema de intercambio de mensajes entre los objetos en nuestra aplicación

Este es el formato general de envío de mensajes en Objective-C, ambos sin [1.1] y [1.2] un argumento:

// [1]

[mensaje receptor];

<- [Receptor mensaje] ->

[receptor mensageConArgumento: Argumento];

<- [MessageWithArgument receptor: theArgument] ->

Como se puede ver en cada una de estas expresiones, todo está encerrado entre paréntesis y el eterno punto y coma está presente como un toque final. Entre paréntesis, el objeto receptor se menciona primero, seguido por el nombre de uno de sus métodos.

Si el método llamado requiere uno o más valores, que también se debe proporcionar [1,2].

- **Crear el proyecto**

Vamos a ver cómo funciona realmente. Inicie el **Xcode** para crear un nuevo proyecto. Seleccione una de las opciones de la aplicación **Cocoa Application**. Dé un nombre al proyecto (por convención, el nombre de la aplicación GUI debe comenzar con una letra mayúscula). En el cuadro **Groups & Files** de la ventana del Xcode que aprece, abra la carpeta **Resources**. Haga doble clic en el **MainMenu.xib**.

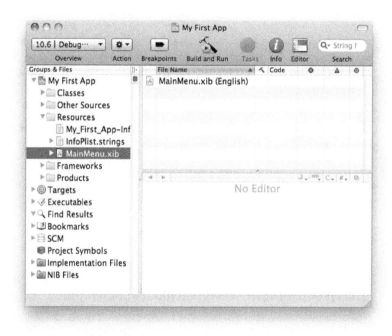

Haga doble clic en el archivo en Xcode MainMenu.xib

Antes de Xcode 3, los archivos **xib** eran conocidos como archivos **nib**, del Interface **Builder NeXT**. Si está utilizando una versión anterior de Xcode, verás una **MainMenu.nib**. Este detalle no es importante, para todos los intentos y propósitos, son la misma cosa.

Creando una GUI

Otro programa, el **Interface Builder**, arrancará. Aparecerán un montón de ventanas, es posible que desee elegir **Hide Others** a partir del menú **File**. Usted verá tres ventanas. La llamada "Window" es la ventana que los usuarios de la aplicación veremos. Esta es un poco más grande, así que es posible que desee cambiar su tamaño. A la derecha de la ventana "**Window**" tiene una ventana llamada "**Library**". Es una especie de repositorio de todos los tipos de objetos que puede tener en su interfaz gráfica de usuario y se le conoce como "**Library palette**". Seleccione el tema "**Views & Cells**" en la lista en la parte superior de esta ventana y arrastrar dos **Buttons**, uno de cada vez, a la ventana "**Window**". También arrastre un **text Label** con el texto "**Label**" en la ventana de interfaz gráfica de usuario.

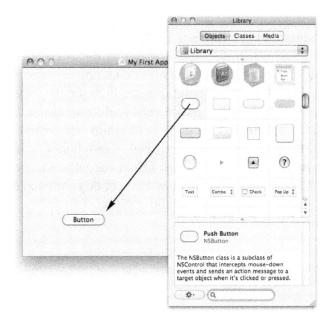

Arrastrando la ventana GUI paleta objetos a la ventana de la aplicación.

Detrás de la escena, arrastrando un botón de la ventana de la paleta a la ventana de la aplicación, crea un objeto de botón nuevo y lo coloca en su ventana. Lo mismo ocurre con el campo de texto y cualquier otro objeto que se puede arrastrar de la ventana de la paleta a su ventana.

Tenga en cuenta que si se mantiene el cursor sobre un icono en la paleta, se le mostrará un nombre como **NSButton** o **NSTextView**. Estos son los nombres de las clases proporcionadas por Apple. Más adelante en este libro veremos cómo encontrar los métodos de estas clases, que necesitamos para realizar las acciones necesarias en nuestro programa.

Organice bien los objetos que se arrastran a la ventana "**Window**". Cambie el tamaño para que encajen. Sustituya el texto de los objetos haciendo doble clic sobre ellos, uno a la vez. Los invito a explorar la paleta de window después de que terminemos este proyecto para entender cómo añadir otros objetos a tu ventana.

Explorando el Interface Builder

Para modificar las propiedades de un objeto, selecciónelo y pulse **Cmd-Shift-I**. Explore esto también. Por ejemplo, seleccione la ventana "**Window**", se puede ver la seleccionada en la ventana **xib**, y pulse **Cmd-Shift-I**. Si la barra de título está escrita **Window Attibutes**, puede marcar **Textured**, y esto hará que la aplicación tenga una apariencia metálica. Usted encontrará que puede personalizar radicalmente la apariencia de la aplicación sin tener que escribir ni una sola línea de código.

Nuestra ventana en Interface Builder, junto con su inspector

Clase fondo

Ahora, vamos a crear una clase. Pero antes de hacer eso, vamos a ver un poco más sobre cómo funcionan las clases.

Para evitar un gran esfuerzo de programación, sería agradable si usted pudiera construir sobre lo que otros han construido, en lugar de escribir todo desde cero. Si usted, por ejemplo, quería crear una ventana con propiedades especiales (recursos), sólo tiene que añadir el código para estas propiedades. No es necesario escribir código para todos los otros comportamientos tales como minimizar o cerrar una ventana. Construyendo sobre lo que otros programadores ya han hecho, se heredan todos estos tipos de comportamientos de gracia. Y eso es lo que hace que Objective-C de manera diferente al lenguaje C.
<-!

Como isso é feito? Bem, existe uma classe janela (NSWindow), e você poderia escrever uma classe que herda dessa classe. Suponha que você adicione algum comportamento a sua própria classe janela. O que acontece se a sua janela especial recebe uma mensagem "close"? Você não escreveu nenhum código para isso, e você também não copiou esse código na sua classe. Simples, se a classe da janela especial não contém o código para um método em específico, a mensagem é transferida automaticamente para a classe da qual a janela especial herda (sua "superclasse"). E se necessário, isso continua até que o método seja encontrado (ou alcance o topo da hirarquia de herança.)

¿Cómo se hace esto? Bueno, hay una clase de ventana **NSWindow**, Y usted podrá escribir una clase que hereda de esta clase. Supongamos que vamos a añadir algún comportamiento a su propia clase ventana. ¿Qué sucede si su ventana especial recibe un mensaje de "cierre"? Usted no tendrá que escribir ningún código para esto, y tampoco ha copiado este código en su clase. Simple, si la clase de la ventana no contiene el código especial para un método específico, el mensaje se transfiere automáticamente a la clase que hereda la ventana especial, una "**superclase**". Y si es necesario, continúa hasta que el método sea encuentrado o cuando llegue a la parte superior de la jerarquía de herencia.

Si el método no puede ser encontrado, usted envió un mensaje de que no se puede ser tratado. Es como pedirle a un garaje que cambie los neumáticos en su trineo. Incluso el jefe del taller no te puedo ayudar. En estos casos, el objetivo-C dará una señal de error.

Clases personalizadas

Y si usted desea implementar su propio comportamiento a un método que ya está heredado de su superclase? Eso es fácil, puede reemplazar los métodos específicos. Por ejemplo, podría escribir un código que haga clic en el botón de cerrar, mover la ventana fuera del campo de visión antes de que realmente se cierre. Su clase especial de ventana que utilizaría el mismo nombre de método para cerrar una ventana que se establece por parte de

Apple. Así que cuando usted reciba una ventana especial de cierre, el método de ejecución es de usted, y no Apple. Así que ahora la ventana se mueve fuera del campo de visión, antes de ser realmente cerrada.

Hey, cerrar de verdad una ventana ya fue programado por Apple. Dentro de su método **close**, todavía puede invocar el método **close** implementado por nuestra superclase, aunque requiere una llamada un poco diferente para asegurarse de que nuestro propio método para cerrar no se llame de forma recursiva.

//[2]

// código para mover la ventana fuera del campo de visión

[super close]; // usa el método close de la superclase.

Clase Uno para gobernarlos a todos

La mayoría, entre las clases, es la clase llamada **NSObject**. Casi todas las clases que vaya a crear o utilizar serán una subclase de **NSObject**, directa o indirectamente. Por ejemplo, la clase **NSWindow** es una subclase de la clase **NSResponder**, Que a su vez es una subclase de **NSObject**. La clase **NSObject** define los métodos comunes a todos los objetos (por ejemplo, la generación de una descripción textual del objeto, preguntar al objeto si es capaz de entender un mensaje determinado, etc.)

Antes de preocuparse por un montón de teoría, vamos a ver cómo crear una clase.

La creación de nuestra clase

Vaya a su proyecto Xcode y seleccione **New File** en el menú **File**. Seleccione una clase Objective-C de la lista y haga clic en **Next**. Lo llamaremos "**MAFoo**". Haga clic en **Finish**.

Creación de una clase **MAFoo**

Las dos primeras letras en mayúscula del MAFoo significan My Application. Puede inventar los nombres de las clases que desee. Una vez que usted comience a escribir sus propias aplicaciones, le recomendamos que elija un prefijo de dos o tres letras que va a utilizar en todas las clases para evitar confusiones con los nombres de las clases existentes. Sin embargo, no utilice **NS** para no confundirse más tarde. **NS** se utiliza para las clases de Apple. Significa **NeXTStep**, **NeXTStep** es el sistema operativo en el que **Mac OS X** fue basado cuando Apple compró **NeXT Inc**.

La wiki CocoaDev contiene una lista de prefijos a evitar. Usted debe comprobar cuando usted elige su propio prefijo: http://www.cocoadev.com/index.pl?ChooseYourOwnPrefix

Al crear una nueva clase, le damos un nombre que nos dea un poco de información útil sobre el mismo. Por ejemplo, hemos visto que en la clase de Cocoa utilizada para representar ventanas se llama **NSWindow**. Otro ejemplo es la clase que se utiliza para representar los colores, que se llama **NSColor**. En nuestro caso, la clase MAFoo que estamos creando aquí es sólo para ilustrar la forma en la que los objetos se comunican en una aplicación. Es por eso que le damos un nombre genérico, sin un significado especial.

Creación de una instancia en Interface Builder

De vuelta en **Interface Builder**, vaya a la **Library palette** y seleccione **Objects & Controllers** en el menú superior. A continuación, arrastre un objeto, un cubo azul, para la clase de paleta **MainMenu.xib**.

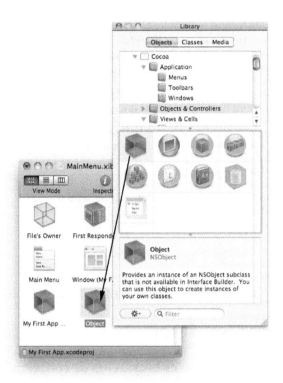

Crear instancias de un nuevo objeto

A continuación, seleccione el botón en la paleta **Inspector** (**Cmd-6**), y luego elija la clase **MAFoo** en el menú emergente (pop-.up) **Class**. Ahora instanciamos la clase MAFoo en el Xcode en un objeto en nuestro archivo **xib**. Esto permitirá que nuestro código y nuestra interfaz se puedan comunicar.

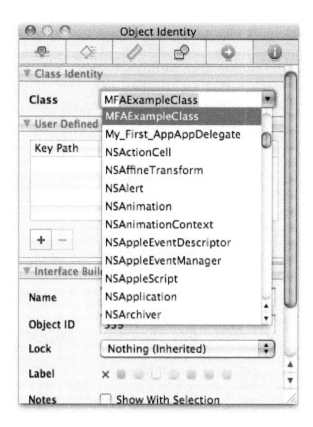

Ajuste de la identidad de nuestra instancia de objeto

Creación de conexiones

Nuestro siguiente paso es la creación de conexiones entre los botones (que se envían los mensajes) y nuestro objeto **MAFoo**. Además, se creará una conexión de vuelta al objeto **MAFoo** para el campo de texto, debido a que un mensaje se enviará al objeto de campo de texto. Un objeto no tiene ninguna manera de enviar un mensaje a otro si no tiene una referencia a la otra. Estableciendo una conexión entre un botón y nuestro objeto **MAFoo**, le estamos dando al botón una referencia para nuestro objeto MAFoo. Con esta referencia, el botón será capaz de enviar mensajes a nuestro objeto MAFoo. Del mismo modo, se establece una conexión de nuestro objeto para el campo de texto permitirá que primero envíe mensajes.

Vamos otra vez a ver lo que la aplicación tiene que hacer. Cada uno de los botones pueden enviar, al hacer clic, el mensaje correspondiente a una acción particular. Este mensaje contiene el nombre del método de la clase que tiene MAFoo para ser ejecutado. El mensaje se envía a la instancia de la clase MAFoo que acaba de crear, el objeto MAFoo. Recuerde: las instancias a objeto en sí no contienen el código para realizar la acción, pero si las clases. Por lo tanto, este mensaje enviado al objeto MAFoo desencadena el método de la clase MAFoo para hacer algo: en este caso, el envío de un mensaje al objeto de campo de texto. Como cada mensaje, éste consiste en el nombre del método (que el objeto de campo de texto tendrá que ejecutar). En este caso, el método de objeto de campo de texto tiene la tarea de mostrar el valor, y ese valor se debe enviar como parte del mensaje, lo que llamamos un "**argumento**", Junto con el nombre del método para invocar en el campo de texto.

Nuestra clase tiene dos acciones (métodos), los cuales serán llamados por los objetos botón. Nuestra clase necesita una salida, una variable para recordar cuál es el objeto (es decir, el objeto campo de texto), el mensaje debe ser enviado.

Asegúrese de que MAFoo está seleccionada en la ventana **MainMenu.xib**. En el teclado, presione **Cmd-6** para ir a la pantalla el Inspector de **Identity**. En la ventana del inspector, en la sección **Action**, haga clic en el botón **Add** (+) para añadir una acción (es decir, un método de acción) para la clase **MAFoo**. Sustituya el nombre predeterminado proporcionado por el **Interface Builder** por un nombre más significativo (por ejemplo, puede escribir "**setTo5**" porque programamos este método para mostrar el número 5 en el campo de texto). Añadimos otro método, y le damos un nombre, por ejemplo "**reset**", para que el programa muestre el número 0 en el campo de texto. Tenga en cuenta que nuestros nombres de método terminan con dos puntos (":"). Hablaremos sobre esto más tarde.

Ahora en la ventana del inspector, seleccione la pestaña de **Outlet**, añada una salida y déle un nombre (por ejemplo, "**textfield**").

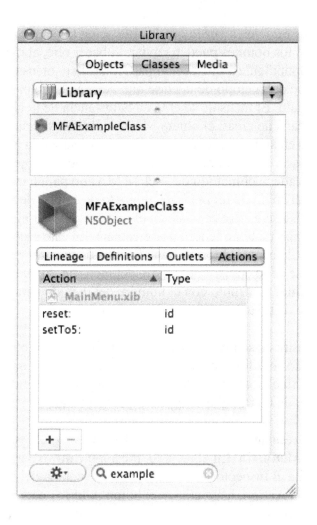

Añadir métodos de acción y de salida para la clase MAFoo

Antes de establecer conexiones entre los objetos, vamos a dar nombres significativos a nuestros dos botones. Desde el primero se va a pedir a nuestra instancia a MAFoo que muestre el número 5 en el campo de texto, lo llamamos **"Set to 5"** (Ya hemos aprendido a cambiar el nombre del botón: haga doble clic sobre su nombre en la pantalla y, a continuación, introduzca el nuevo nombre). Así mismo, el nombre del segundo botón **"Reset"**. Tenga en cuenta que este paso de dar al botón un nombre en particular no es necesario para que nuestro programa funcione correctamente. Es sólo que queremos que nuestra interfaz de usuario sea lo más descriptiva posible para el usuario final.

Ahora estamos listos para crear las conexiones reales entre:

el botón "Reset" y la instancia MAFoo

el botón "Set to 5" y la instancia MAFoo

la instancia MAFoo y el campo de texto.

Para crear conexiones, pulse la tecla **Control** del teclado y utilice el ratón para arrastrarlas.

Para crear las conexiones, pulse la tecla **Control** de su teclado y utilice el ratón para arrastrar desde el botón **"Set to 5"** "a la instancia de **MaFoo** en el **MainMenu.xib** en la ventana, en este orden y no al revés. La línea que representa la conexión aparecerá en la pantalla y un menú aparecerá en el icono de la instancia del objeto. Seleccione la opción **"setTo5:"** de la lista.

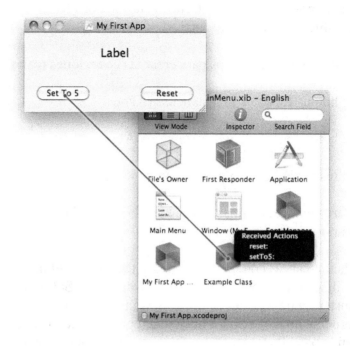

Estableciendo de la conexión

Ahora el botón contiene una referencia a nuestro objeto MAFoo, y enviará al **setTo5:** un mensaje cada vez que se presiona el botón.

Ahora puede conectar el botón "**Reset**" al objeto MAFoo mediante la aplicación del mismo proceso.

Para crear la conexión entre el objeto MAFoo y el campo de texto, empezamos desde el objeto MAFoo y lo arrastrarmos hasta el objeto de campo de texto. Haga clic en en el menú "**TextField**"para asignar la conexión.

¿Qué fue todo esto? Bueno, como veremos en un momento, que acaba de crear algo de código en efecto sin necesidad de escribir ni una sola línea.

Generar código

Primero, asegúrese de que **MAFoo** es seleccionado en la ventana
MainMenu.xib. Vaya al menú **File** de **Interface Builder** y
seleccione **Write Class Files**. Interface Builder le preguntará
dónde desea que el archivo generado se guarde en el disco.
Navegue a la carpeta del proyecto de nuestra aplicación y
sobrescribir la clase MAFoo allí existente.

Ahora bien, si se cambia de nuevo a Xcode, podrá ver los archivos
generados en la ventana del proyecto, dentro del grupo de las
clases. Haga clic en el botón de la barra de herramientas **Editor** y
elija **MAFoo.h**.

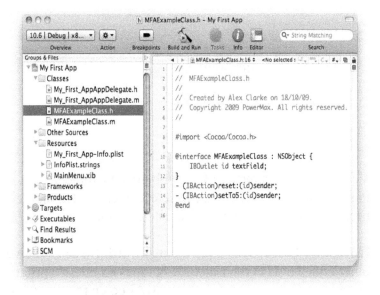

Los archivos generados aparecen en nuestro proyecto Xcode

Volvamos por un momento atrás, cuando hablamos de funciones.
¿Te acuerdas de la cabecera de la función [11.1]? Era una especie
de advertencia del compilador para decirle lo que podía esperar.
Uno de los dos archivos que acabamos de crear es nombrado
MAFoo.h, y es el archivo de cabecera: contiene información sobre
nuestra clase. Por ejemplo, podrás reconocer que hay en la línea

[3.5] contiene un **NSObject**, qué significa que nuestra clase se hereda de la clase **NSObject**.

```
//[3]

/* MAFoo */

#import <cocoa/cocoa.h>  // [3.2]

@interface MAFoo : NSObject

{

    IBOutlet id textField;    // [3.7]

}

- (IBAction)reset:(id)sender;

- (IBAction)setTo5:(id)sender;

@end
```

Verás que hay un **outlet** [3,7] al objeto de campo de texto. El **Id** nos Indica el objeto. **"IB"** se refiere a Interface Builder, el programa que utilizó para crear este código.

IBAction [3.9, 3.10] es equivalente a **void**. No se devuelve nada al objeto que envía el mensaje: los botones en nuestro programa no obtienen una respuesta del objeto MAFoo en respuesta a su mensaje.

Usted también puede ver que hay dos acciones en Interface Builder. Estos son dos métodos de nuestra clase. Los métodos son similares a las funciones, que ya conocemos, pero existen diferencias. Hablaremos sobre esto más tarde.

Anteriormente hemos visto **# import <Foundation/Foundation.h>** en lugar de la línea [3.2], el primero es para las aplicaciones **no-GUI**, la siguiente es para las aplicaciones con **GUI**.

Ahora vamos a ver el segundo archivo, **MAFoo.m**. Una vez más tenemos una gran cantidad de código de forma libre.

```
//[4]

#import "MAFoo.h"

@implementation MAFoo

- (IBAction)reset:(id)sender        // [4.5]

{

}

- (IBAction)setTo5:(id)sender

{

}

@end
```

En primer lugar, el archivo de cabecera **MAFoo.h** es importado, por lo que el compilador sabe qué esperar. Dos métodos pueden ser reconocidos: **reset:** y **setTo5:**. Estos son los métodos de nuestra clase. Son similares a las funciones que usted necesita para poner su código entre las llaves. En nuestra aplicación, cuando se pulsa el botón, se envía un mensaje a su objeto **MAFoo**, solicitando la ejecución de uno de los métodos. No tenemos que escribir ningún código para eso. Hacer las conexiones entre los botones y el objeto MAFoo en Interface Builder es todo lo que se requiere. Sin embargo, se tienen que implementar los dos métodos, es decir, tenemos que escribir el código que realiza que su función. En este caso, estos métodos no hacen más que enviar un mensaje de nuestro objeto **MAFoo** a cada objeto **TextField**, por lo que ofrecemos las declaraciones [5.7, 5.12].

```
//[5]

#import "MAFoo.h"

@implementation MAFoo

- (IBAction)reset:(id)sender

{

    [textField setIntValue:0];        // [5.7]

}

- (IBAction)setTo5:(id)sender

{

    [textField setIntValue:5];        // [5.12]

}

@end
```

Como puede ver, se envia un mensaje al objeto referenciado por **textField**

Como puede ver, envia un mensaje al objeto que hace referencia a la salida **textField**. Desde que nos conecta esta salida al campo de texto actual, utilizando el Interface Builder, nuestro mensaje será enviado al objeto correcto. El mensaje es el nombre del método, **setIntValue:**, junto con un valor entero. El método **setIntValue:**

es capaz de mostrar un valor entero en el campo de texto. Más adelante veremos más cosas sobre este método.

Listo para probar

Ahora está listo para compilar la aplicación y ejecutarla. Como siempre, pulse el **Build and Go** en la barra de herramientas Xcode. Le llevará unos segundos para que el Xcode construya la aplicación y laejecute. Por último, la aplicación aparece en la pantalla y usted puede probarlo.

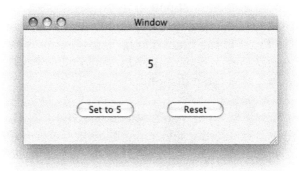

Nuestra aplicación se ejecuta

En resumen, usted acaba de crear una aplicación, muy simple, en la que tuvo que escribir sólo dos líneas de código.

Buscando Métodos

Introducción

Ya hemos aprendido algo acerca de los métodos. Nosotros mismos escribimos el cuerpo de dos métodos, y también el uso proporcionado por Apple **setIntValue:,** el método era mostrar un valor entero en el campo de texto. Como puede descubrir los métodos disponibles?

Recuerde, para cada método que utilice de los creados por Apple, usted no tendrá que escribir ningún código por usted mismo. Además, es más probable que esté libre de errores. Así que siempre vale la pena gastar un poco de tiempo en comprobar los métodos adecuados que están disponibles antes de programar lo suyo.

Ejercicio

En Interface Builder, si coloca el cursor sobre un objeto en la ventana de paletas, aparecerá un pequeño rótulo. Si coloca el cursor sobre el icono del botón, usted verá "**NSButton**". Si lo coloca sobre el campo de texto, donde dice "**System Font Text**" verá "**NSTextField**". Cada uno de estos nombres es el nombre de una clase. Vamos a echar un vistazo a la clase **NSTextField** para ver qué métodos están disponibles.

Vaya a Xcode y, en el menú, seleccione **Help → Documentation**. En el marco izquierdo, seleccione **Cocoa** y escriba "**NSTextField**" en el campo de búsqueda, asegúrese de que el modo de API-Search está seleccionado, vea la siguiente captura de pantalla. A medida que escribe, la lista de resultados posibles se reduce significativamente y pronto verás que aparece **NSTextField** en la parte superior.

Haga clic en la línea que dice **NSTextField** (de tipo Class) para obtener información acerca de la clase **NSTextField** mostrada en el cuadro inferior.

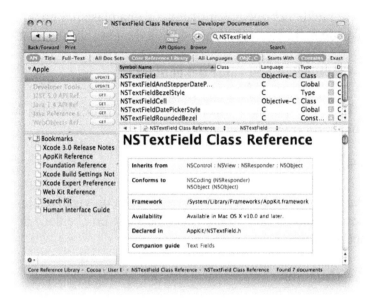

Navegando por la documentación con Xcode Cocoa

Lo primero que se debe notar es que esta clase hereda de una serie de otras clases. La última de la lista es la cabeza, la reina de la montaña **NSObject**. Un poco más abajo tiene el encabezado:

Tipos de métodos

Ahí es donde vamos a empezar nuestra búsqueda. Un rápido vistazo a las subcabeceras nos dirá que aquí no vamos a encontrar el método que necesitamos para mostrar un valor en el campo de texto. Debido al principio de la herencia, hay que visitar la superclase inmediata de la clase **NSTextField**, que es **NSControl**. Y si fracasamos, debemos examinar su superclase **NSView**, etc... Debido a que toda la documentación está en HTML, lo único que tienes que hacer es pulsar sobre la palabra **NSControl,** como se muestra arriba en la lista **Inherits from**. Esto nos trae información acerca de la clase **NSControl:.**

NSControl

Hereda de NSView: NSResponder: NSObject

Se puede ver que nos movemos a una clase por encima. En la lista de métodos, nos damos cuenta de una subcabecera:

Estableciento el valor del control

Eso es lo que queremos, establecer un valor. Debajo de este encabezado se encuentran:

- SetIntValue:

Parece prometedor, a continuación, echa un vistazo a la descripción de este método haciendo clic en el enlace de **setIntValue:**

setIntValue:

- (void)setIntValue:(int)anInt

Establece el valor de la celda del receptor (o celda seleccionada) para el entero **anInt**. Si la celda está siendo editada, se aborta la edición antes de ajustar el valor si la celda no se hereda de **NSActionCell**, este marca el interior de la celda como la necesidad de volver a ser mostrada (**NSActionCell** hace propia la actualización de las celdas).

En nuestra aplicación, nuestro objeto **NSTextField** es el receptor y tenemos que alimentarlo con un entero. También podemos ver la firma método de arranque:

(Void) setIntValue: (int) anInt

En Objective-C, el signo menos marca el inicio de una declaración de método de instancia, en lugar de una declaración de método de clase, lo cual hablaremos más adelante. **void** indica que no se devuelve nada al invocador del método. Ahí fue cuando enviamos un mensaje **setIntValue:** para **textField**, nuestro objeto

MAFoo no recibe ningún valor de nuevo del objeto campo de texto. Después de los dos puntos, (**int**) indica que la variable **anInt** debe ser un entero. En nuestro ejemplo, podemos enviar un 0 o un 5, que son enteros, entonces estamos bien.

A veces es un poco más difícil de averiguar cuál es el método apropiado para su uso. Estarás mejor en eso cuando estea más familiarizado con la documentación, por lo que ha seguir practicando.

Y si quieres leer el valor de nuestro objeto campo de texto **textField**? Recuerde que una gran cosa acerca de la existencia de funciones es que todas las variables dentro de ella están protegidos. Lo mismo ocurre para los métodos. A menudo, sin embargo, tienen un par de métodos de objetos relacionados, denominados "de acceso", una para el valor, y otro para ajustar el valor. Ya sabemos que el último, que es el método **setIntValue:**. La primera es la siguiente:

//[1]

- (int) intValue

Como se puede ver, este método devuelve un entero. Por lo tanto, si leemos el valor entero asociado con nuestro campo de texto objeto tenemos que enviar un mensaje como este:

//[2]

int resultReceived = [textField intValue];

Una vez más, en funciones (y métodos) todos los nombres de las variables están protegidos. Esto es muy bueno para los nombres de variables, porque usted no tiene que preocuparse de que al establecer una variable en una parte de su programa afectará a una variable con el mismo nombre en su función. Sin embargo, los nombres de funciones deben ser únicos en su programa. Objective-C lleva la protección más allá: los nombres de métodos deben de ser únicos sólo dentro de una clase, pero las clases pueden tener nombres diferentes métodos en común. Esta es una gran característica para los programas grandes, porque los programadores pueden escribir de forma independiente de las otras clases, sin tener que preocuparse por conflictos de nombres de método.

Pero hay más. El hecho de que los diferentes métodos en diferentes clases pueden tener el mismo nombre, que se llama polimorfismo en lenguaje de geek y es una de las cosas que hacen de la programación orientada a objetos algo tan especial. Esto le permite escribir trozos de código sin tener que saber de antemano cuáles son las clases de los objetos que está manipulando. Lo único que se requiere es que, en tiempo de ejecución, los objetos reales entiendan los mensajes que les envíe a ellos.

Aprovechando las ventajas del polimorfismo, es posible crear aplicaciones que sean flexibles y extensibles por diseño. Por ejemplo, en la interfaz de la aplicación que hemos creado, si reemplazamos el campo de texto de un objeto de una clase diferente que sea capaz de entender el mensaje **setIntValue:** nuestra aplicación seguirá funcionando sin que nos obliga a modificar el código o recompilarla de nuevo. Somos capaces de modificar el objeto en tiempo de ejecución sin romper nada. Ahí radica el poder de la programación orientada a objetos.

awakeFromNib

Introducción

Apple ha hecho un montón de trabajo para usted, por lo que es fácil de crear programas. En una pequeña aplicación, no tiene que preocuparse acerca de la elaboración de una ventana en la pantalla o de los botones, entre otras cosas.

La mayor parte de este trabajo se realiza a través de dos frameworks. El framework **Kit Fundación** que importamos en el ejemplo [12] anteriormente visto, proporciona la mayor parte de los servicios que no están asociados con una interfaz gráfica. El otro framework, llamado **Application Kit** trata los objetos que aparecen en la pantalla y los mecanismos de interacción con el usuario. Ambos frameworks están bien documentados.

Vamos a volver a nuestra aplicación GUI. Supongamos que queremos que nuestra aplicación muestre un valor particular en el campo de texto inmediatamente después de nuestra aplicación sea iniciada y la ventana inicial sea mostrada.

Ejercicio

Toda la información acerca de la ventana se almacenan en un archivo **nib** (nib significa NeXT Interface Builder). Esta es una buena indicación de que el método que necesitamos puede ser parte del Aplication Kit. Vamos a encontrar la manera de obtener información sobre este framework.

En Xcode, vaya al menú **Help** y seleccione **Documentation**. En la ventana de documentación asegúrese que la búsqueda de texto completo está habilitada (para ello, seleccione Full-Text Search en la barra de debajo del menú de búsqueda). A continuación, escriba **Application Kit** en el campo de búsqueda y pulse **Intro**.

Xcode te da varios resultados. Entre ellos se encuentra un documento llamado **Application Kit Framework Reference**. En su interior encontrará una lista de los servicios prestados por este framework. Sobre la cabecera **Protocols** existe un link llamado **NSNibAwaking**. Si hace clic sobre el, será llevado hasta la documentación de la clase **type="objc">NSNibAwaking.**

NSNibAwaking Protocol Objective-C Reference

(Protocolo Informal)

Marco	/System/Library/Frameworks /AppKit.framework
Declarado en	AppKit/NSNibLoading.h
Compañero documento	Recursos Loading

Descripción del Protocolo

"Este protocolo informal consiste en un método único, **awakeFromNib**. Las clases pueden implementar este método para inicializar la información de estado después de que los objetos que se han cargado de un archivo Interface Builder (archivo **nib**)."

Si ponemos en práctica este método, se llamará cuando nuestro objeto se carga desde el archivo **nib**. Entonces podemos usar eso para conseguir nuestro objetivo: mostrar el valor en un campo de texto para que se inicie la aplicación.

De ninguna manera quiero sugerir que siempre es trivial encontrar el método correcto. En general, se necesita un poco de navegación y el uso creativo de las palabras clave en la búsqueda para encontrar un método prometedor. Por esta razón, es muy importante que usted se familiarice con la documentación de ambos frameworks, así usted sabrá qué clases y que métodos están disponibles para usted. Puede que no necesite *** aquí, pero le ayudará a descubrir cómo hacer que sus programas hagan lo que usted quiera.

Ok, ahora que hemos encontrado nuestro método, todo lo que necesita hacer es agregar el método a nuestro **MAFoo.m** archivo de implementación [1,15].

```
//[1]

#import "MAFoo.h"

@implementation MAFoo

- (IBAction)reset:(id)sender

{

    [textField setIntValue:0];
```

```
    }

    - (IBAction)setTo5:(id)sender

    {

        [textField setIntValue:5];

    }

    - (void)awakeFromNib      // [1.15]

    {

        [textField setIntValue:0];

    }

    @end
```

Cuando se abra la ventana, el método **awakeFromNib** se llama de forma automática. Como resultado de ello, el campo de texto muestra cero cuando en una nueva ventana.

Punteros

Introducción

Este capítulo contiene conceptos avanzados y veremos los conceptos subyacentes del lenguaje C que para los principiantes pueden resultar un poco intimidante. Si usted no entiende todo ahora, no se preocupe. Por suerte, en general, a pesar de que la comprensión de cómo funcionan los punteros es útil, no es esencial para iniciarse en la programación en Objective-C.

Cuando declara una variable su Mac asocia esta variable en cualquier área de su memoria para almacenar el valor de la variable.

Por ejemplo, vea la siguiente declaración:

//[1]

int x = 4;

Para ejecutarlo, tu Mac encuentra algún espacio en su memoria que no está en uso y luego señala que este espacio es donde el valor de la variable **x** se va a almacenar, por supuesto, aquí podríamos y deberíamos haber usado un nombre más descriptivo a nuestra variable. Consulte las instrucciones [1] de nuevo. Indicando el tipo de la variable (**int**) permite al ordenador saber cuánto espacio de memoria será necesario para almacenar el valor de **x**. Si el valor fuese del tipo **long** o **double**, sería necesario reservar más memoria.

La sentencia de asignación **x = 4** almacena el número 4 en el espacio reservado. Por supuesto, el equipo recuerda donde el valor de la variable llamada x está almacenada en su memoria, o, en otras palabras, cuál es la dirección de x. Así, cada vez que se utiliza **x** en su programa, su computadora sabrá buscar en el lugar correcto, en la dirección correcta y encontrar el valor actual de x.

Un puntero es simplemente una variable que contiene la dirección de otra variable.

Hacer referencia a las variables

Dada una variable, usted puede conseguir su dirección escribiendo **&** antes de la variable. Por ejemplo, para obtener la dirección de **x**, se escribe **&x**.

Cuando el ordenador evalúa la expresión **x**, devuelve el valor de la variable **x** (en nuestro ejemplo, devolverá 4). Por contra, cuando el ordenador evalúa la expresión **&x**, devuelve la dirección de la variable x no, el valor almacenado allí. La dirección es un número que indica una ubicación específica en la memoria del ordenador, como el número de una habitación denota una habitación específica de un hotel.

Uso de punteros

Usted declara un puntero de esta manera:

//[2]

int *y;

Esta declaración define una variable llamada **y** que contendrá la dirección de una variable de tipo **int**. Una vez más: no contendrá una variable **int**, pero si la dirección de una variable. Para almacenar la variable **Y** que está en la dirección de la variable **X** es hacemos lo siguiente:

//[3]

y = &x;

Ahora **y** apunta a la dirección de **x.** Con el uso de **y**, por lo tanto, usted puede localizar a **x**. De esta manera, como le hemos mostrado.

Teniendo un puntero, se puede conseguir la variable que apunta a la escritura por un asterisco antes del puntero. Por ejemplo, Evaluación de la expresión:

*y

Esto devolverá 4. Esto es equivalente a evaluar la expresión de **x**. La ejecución de la instrucción:

*y = 5

Equivale a ejecutar la instrucción:

x = 5

Los punteros son útiles porque a veces uno no quiere hacer referencia al valor de la variable, sino a la dirección de esa variable. Por ejemplo, es posible que desee programar la función que añade 1 a la variable.

```
//[4]

void increment(int x)

{

    x = x + 1;

}
```

En realidad, no. Si se llama a esta función desde el programa, usted no conseguirá los resultados que se esperan:

```
//[5]

int myValue = 6;

increment(MiValor);

NSLog(@"%d:\n", miValor);
```

Este código le mostrará en la pantalla 6. ¿Por qué? ¿No incrementa **miValor** llamando a la función de incremento? No, en realidad no hiciste esto. Usted mire la función [4], acaba de tomar el valor de **miValor** (es decir, el número 6), lo incrementó en uno, y ... Básicamente, se tiró. Funciona sólo con los valores que pasan a ellos, no las variables que llevan a estos valores. Incluso si se modifica la **x**, como se puede ver en [4], que sólo está modificando valor que esa función ha recibido. Cualquier modificación de este tipo se perderá cuando regrese de la función. Además, esa **x** no es necesariamente incluso una variable: si es llamada **increment** (5); ¿a qué espera para incrementar?

Si desea escribir una versión de la función incremento que realmente funciona, es decir, que acepta una variable como el argumento y permanentemente aumenta el valor de esa variable, hay que pasar la dirección de una variable. De esta forma, puede modificar lo que se almacena en esta variable, no sólo tiene que utilizar su valor actual. Por lo tanto, se utiliza este argumento de puntero:

//[6]

```
void increment(int *y)

{

    *y = *y + 1;

}
```

A continuación, puede hacer esto:

[7]

```
int miValor = 6;

increment(&miValor); // pasando la dirección

// ahora miValor es igual a 7
```

Strings

Introducción

Hasta ahora, hemos visto varios tipos básicos de datos: int, long, float, double, BOOL. Y en el capítulo anterior presentamos los punteros. Mientras tocamos en el asunto **strings**, nosotros lo discutimos sólo en relación la función **NSLog()**. Esa función nos permitió imprimir una cadena de texto en la pantalla, sustituyendo los códigos que comenzaban con la señal **%,** tal como **%d**, por un valor.

//[1]

float piValue = 3.1416;

NSLog(@"Here are three examples of strings printed to the screen.\n");

NSLog(@"Pi approximates %10.4f.\n", piValue);

NSLog(@"The number of eyes of a dice is %d.\n", 6);

No hablamos de cadenas como tipos de datos antes, por una buena razón, a diferencia de enteros o flotantes, las cadenas son objetos realmente creados utilizando la clase NSString o la clase NSMutableString. Vamos a discutir estas clases, a partir de la NSString.

Nosotros no discutimos **los strings** como tipos de datos antes, por una buena razón; a diferencia de ints o floats, strings son objetos de verdad, creados usando la clase **NSString** o la clase ***NSMutableString**. Vamos a discutir esas clases, comenzando con la **NSString**.

NSString

Punteros de nuevo:

//[2]

NSString *ordenadorFavorito;

favoriteComputer = @"Mac!";

NSLog(ordenadorFavorito);

Probablemente hallará la segunda expresión comprensible, pero la primera [2.1], merece un poco de explicación. Recuerda que, cuando nosotros declaramos una variable puntero, nosotros tuvimos que decir a que tipo de datos estaba apuntando el puntero? Aquí está una expresión del capítulo 11 [3].

//[3]

int *y;

Aquí decimos al compilador que la variable puntero **y** contiene la dirección de una posición de memoria donde un entero puede ser encontrado.

En [2.1] le decimos al compilador que la variable puntero **ordenadorFavorito** contiene la dirección de la posición de memoria donde un objeto del tipo **NSString** puede ser encontrado. Nosotros usamos un puntero para guardar nuestro string porque en Objective-C los objetos nunca son manipulados directamente, se hace siempre a través de los puntero que hay para ellos.

No se preocupe si usted no entiende esto completamente, esto no es crucial. Lo que es importante es referirse siempre a una instancia de **NSString** o **NSMutableString** usando la anotación *****.

El símbolo @

De acuerdo, porque el símbolo @ aparece todo tiempo? Bien, Objective-C es una extensión del lenguaje C, que tiene su propia manera de trabajar con strings. Para diferenciar el nuevo tipo de string, que son objetos completos, Objective-C usa el símbolo @.

Un nuevo tipo de cadena

Como Objective-C mejora las strings del lenguaje C? Bien, los strings en Objective-C son strings **Unicode** en vez de strings **ASCII**. Los Strings **Unicode** pueden mostrar caracteres de prácticamente cualquier lenguaje, tal como Chino, así como el alfabeto Romano.

Ejercicio

Claro, que puede declarar e inicializar una variable puntero solamente con un string. [4]

Por supuesto, es posible declarar e inicializar el puntero variable es una cadena de una sola vez [4].

//[4]

NSString *actrizFavorita = @"Julia";

La variable **actrizFavorita** apunta a una ubicación de memoria donde se almacena el objeto que representa la cadena "Julia".

Una vez que haya inicializado la variable **ordenadorFavorito**, se puede asignar un valor diferente a la variable, pero no se puede cambiar la propia cadena [5,7], ya que es una instancia de una clase **NSString**. Más sobre esto en un minuto.

//[5]

```
#import <foundation/foundation.h>

int main (int argc, const char *argv[])

{

NSAutoreleasePool * pool = [[NSAutoreleasePool alloc] init];

NSString *ordenadorFavorito;

    ordenadorFavorito = @"iBook";  // [5.7]

    ordenadorFavorito = @"MacBook Pro";

    NSLog(@"%@", ordenadorFavorito);

    [pool release];

    return 0;

}
```

Cuando se ejecuta, el programa imprime:

MacBook Pro

Cuando decimos que la cadena no puede ser modificada, todavía puede (y de hecho lo hizo) reemplazar toda la cadena con otra cadena.

NSMutableString

Una cadena de la clase **NSString** es llamada inmutable, porque no puede ser modificada. Lo que nosotros queremos decir con eso es que los caracteres individuales de la string no son capaces de ser modificados.

Como de bueno es que usted no puede modificar un string? Bien, los strings que no pueden ser modificadas son más fáciles de manipular por el sistema operativo, entonces su programa puede ser más rápido. De hecho, cuando usted usa Objective-C para escribir sus propios programas, irá descubriendo que la mayoría de las veces no necesitará modificar sus strings.

Claro, en algunas ocasiones usted necesitará usar strings que pueda modificar. Entonces, existe otra clase, y los objetos strings que creará con ella son modificables. La clase a usar es **NSMutableString**. La veremos más tarde en ese capítulo.

Ejercicio

En primer lugar, vamos a estar absolutamente seguros de que usted entiende que las cadenas son objetos. Debido a que son objetos, podemos enviar mensajes. Por ejemplo, podemos enviar el mensaje de longitud (length) a un objeto string [6].

```
//[6]

#import <Foundation/Foundation.h>

int main (int argc, const char * argv[])

{

    NSAutoreleasePool * pool = [[NSAutoreleasePool alloc] init];

    int laLongitud;

    NSString * foo;
```

```
foo = @"Julia";

laLongitud = [foo length];  // [6.10]

NSLog(@"La Longitud es de %d.", laLongitud);

[pool release];

return 0;

}
```

Cuando se ejecuta, el programa imprime:

La longitud es de 6.

Los programadores suelen usar **foo** y **bar** como nombres de variables para explicar las cosas. De hecho, estos son malos nombres porque no son descriptivos, como **x**. Nosotros se los exponemos aquí, así que no te sorprendas cuando lo veas en los artículos en Internet.

En la línea [6.10] enviamos el mensaje **length** al objeto **foo**. El método **length** está definido en la clase **NSString** como sigue:

- (unsigned int)length

Devuelve el número de caracteres Unicode en el receptor.

Usted también puede poner los caracteres de la cadena en mayúsculas [7]. Para hacerlo, deberá enviar el objeto string al mensaje apropiado, es decir, **uppercaseString**, deberá encontrar la documentación para si mismo (ver los métodos disponibles en la clase **NSString**). Al recibir este mensaje, el objeto sting crea y devuelve un nuevo objeto de cadena que contiene el mismo contenido, con cada caracter sustituido por el valor correspondiente en mayúscula.

```
//[7]

#import <Foundation/Foundation.h>

int main (int argc, const char * argv[])

{

NSAutoreleasePool *pool = [[NSAutoreleasePool alloc] init];

NSString *foo, *bar;

    foo = @"Julia!";

    bar  = [foo uppercaseString];

    NSLog(@"%@ fue convertido en %@.", foo, bar);

    [pool release];

    return 0;

}
```

Cuando se ejecuta, el programa imprime:

Julia! fue convertido en JULIA!

Algunas veces puede querer modificar el contenido de un string existente en vez de crear uno nueva. En ese caso tendrá que usar un objeto de la clase **NSMutableString** para representar su string. **NSMutableString** suministra varios métodos que le permiten a usted modificar el contenido de un string. Por ejemplo, el método **appendString**: añae el string pasado como argumento al extremo del receptor.

```
//[8]

#import <Foundation/Foundation.h>

int main (int argc, const char * argv[])

{

NSAutoreleasePool *pool = [[NSAutoreleasePool alloc] init];

NSMutableString *foo;                    // [8.7]

   foo = [@"Julia!" mutableCopy];         // [8.8]

   [foo appendString:@"Estoy muy contento"];

   NSLog(@"Este es el resultado: %@.",  foo);

   [pool release];

   return 0;

}
```

Cuando se ejecuta, el programa imprime:

Este es el resultado: Julia! Estoy muy contento.

En la línea [8.8], el método **mutableCopy**, que es suministrado por la clase **NSString**, crea y retorna una **string** mutable con el mismo contenido del receptor. Es decir, después de la ejecución de la línea [8.8], **foo** apunta para un objeto string mutable que contiene el string "Julia"

Más punteros

Anteriormente en ese capítulo nosotros declaramos que, en Objective-C, los objetos nunca son manipulados directamente, siempre se hace a través de punteros. Es por eso que, por ejemplo, nosotros usamos la anotación * en la línea [8.7] de arriba. En realidad, cuando usamos la palabra "objeto" en Objective-C, lo que generalmente queremos decir es "puntero para un objeto". Pero visto que siempre usamos objetos a través de punteros, usamos la palabra "objeto" como atajo. El hecho de que los objetos sean siempre usados a través de punteros tiene una implicación importante que usted necesita entender: varias variables pueden hacer referencia el mismo objeto a la vez. Por ejemplo, después de la ejecución de la línea [8.7], la varible **foo** hace referencia a un objeto representando el string "Julia" algo que podemos representar con la figura que vemos a continuación:

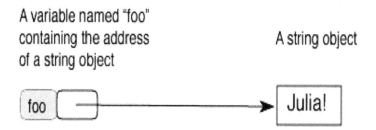

Los objetos generalmente son manipulados a través de punteros

Supongamos ahora que se asigna el valor de la variable **foo** a **bar** de esta manera:

bar = foo;

El resultado de esta operación es que cuando ambas variables, **bar** y **foo**, ahora apuntan al mismo objeto:

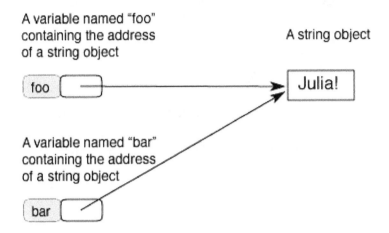

Hay múltiples variables que pueden hacer referencia al mismo objeto

En una situación como ésta, envíar un mensaje al objeto mediante **foo** como un receptor, tiene el mismo efecto que envíar el mensaje utilizando la variable **bar**, como se muestra en este ejemplo:

[9]

```
#import <Foundation/Foundation.h>

int main (int argc, const char * argv[])

{
```

```
NSAutoreleasePool *pool = [[NSAutoreleasePool alloc] init];

NSMutableString *foo = [@"Julia!" mutableCopy];

NSMutableString *bar = foo;

    NSLog(@"foo apunta a la cadena: %@.",  foo);

    NSLog(@"bar apunta a la cadena: %@.",  bar);

    NSLog(@"\n");

    [foo appendString:@" I am happy"];

    NSLog(@"foo apunta a la cadena: %@.",  foo);

    NSLog(@"bar apunta a la cadena: %@.",  bar);

    [pool release];

    return 0;

}
```

Cuando se ejecuta, el programa imprime:

foo apunta a la cadena: Julia!

bar apunta a la cadena: Julia!

foo apunta a la cadena: Julia! I am happy

bar apunta a la cadena: Julia! I am happy

Ser capaz de tener referencias al mismo objeto en diferentes lugares al mismo tiempo es una característica clave de lenguajes orientados a objetos. De hecho, ya usar esto en los capítulos anteriores. Por ejemplo, en el capítulo 8, mencionamos nuestro objeto MAFoo hace dos botones diferentes objetos.

Siendo capaz de tener referencias para el mismo objeto en diferentes lugares a la vez, es una característica esencial de los lenguajes orientados a objeto. En realidad nosotros ya usamos esto en capítulos anteriores. Por ejemplo, cuando hacemos referencia a nuestro objeto **MAFoo** de dos objetos con botón diferentes.

Arrays

Introducción

De vez en cuando usted necesitará guardar colecciones de datos. Por ejemplo, tal vez necesite mantener una lista de strings. Sería bastante trabajoso usar una variable para cada una de los strings. Para ello existe una solución más conveniente: el **array**.

Un **array** es una lista ordenada de objetos, o, más precisamente, una lista de punteros para objetos). Usted puede añadir objetos en un **array**, eliminarlos o preguntar al array que objeto está almacenado en un determinado índice (por ejemplo, en una determinada posición). Usted también puede preguntar al **array** cuántos elementos están contenidos en él.

Cuando usted cuenta los elementos (items), generalmente empezará a partir del 1. El **array** sin embargo, el primero item está en el índice cero, el segundo en el índice 1 y así sucesivamente.

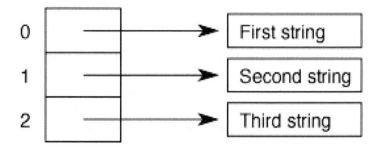

Ejemplo: una matriz que contiene tres cadenas

Le daremos algunos ejemplos de código más adelante, que le permitirá ver el efecto de contar a partir de cero.

Las matrices son proporcionados por dos clases: **NSArray** y **NSMutableArray**. Como en los strings, hay una versión inmutable y otra mutable. En este capítulo, vamos a considerar la versión mutable.

Estos son **arrays** específicos para Objective-C y Cocoa. Hay otro tipo, más sencillo de **array** en el lenguaje C, que también es parte de Objective-C, pero no vamos a discutirlo aquí. Esto es sólo un recordatorio de que más tarde puede leer acerca de las matrices en el lenguaje C, y asegúrate de entender que no van a tener mucho que ver con los **NSArrays** o **NSMutableArrays**.

El método de la clase

Una forma de crear un array es la ejecución de una expresión como esta:

[NSMutableArray Array];

Cuando se evaluó, este código crea y devuelve una matriz vacía. Pero, espera un momento, este código parece extraño, ¿no? En efecto, en este caso, hemos utilizado el nombre de la clase **NSMutableArray** para especificar el receptor del mensaje. Pero hasta ahora sólo hemos enviado mensajes a las instancias, no a las clases, ¿no?

Bueno, acabamos de aprender algo nuevo: el hecho de que, en Objective-C, también podemos enviar mensajes a las clases, y la razón es que las clases también son objetos, instancias de las que llamamos meta-clases, pero no veremos esa idea en este libro.

In the event that you want the array to persist longer than the lifespan of the autorelease pool, you must send the instance a -retain message.

In the Cocoa documentation, the methods we can call on classes are denoted by a leading "+" symbol, instead of the "-" symbol we usually see before the name of methods (for example Chapter 8 [4.5]). For instance, in the documentation we see this description for the array method:

Cabe señalar que este objeto es automáticamente **autoreleased** cuando se crea, es decir, que se adjunta a un **NSAutoreleasePool** y se establece su destrucción por el método de clase que la creó. Llamar al método de la clase es equivalente a:

NSMutableArray *array = [[[NSMutableArray alloc] init] autorelease];

En el caso de que quiera que el array persista más tiempo que la vida útil de pool del autoreleaed, debe enviar la instancia a **-retain** mensaje.

En la documentación de Cocoa, los métodos pueden ser llamados sobre las clases se indican con el símbolo "+", en lugar del símbolo "-", normalmente lo vemos antes que el nombre de los métodos. Por ejemplo, en la documentación vemos esta descripción para el método array:

array

+ (id)array

Crea y devuelve una matriz vacía. Este método es utilizado por subclases mutables de **NSArray**. Vea también: +**arrayWithObject**s, + **arrayWithObjects**:

Ejercicio

Volvamos a la codificación. El programa siguiente crea una matriz vacía, almacena tres strings en ella, y luego imprime el número de elementos de la matriz.

```
//[1]

#import <foundation/foundation.h>

int main (int argc, const char * argv[])

{

NSAutoreleasePool *pool = [[NSAutoreleasePool alloc] init];

NSMutableArray *myArray = [NSMutableArray array];

    [myArray addObject:@"Primer string"];

    [myArray addObject:@"Segundo string"];

    [myArray addObject:@"Tercer string"];

    int count = [myArray count];

    NSLog(@"Hay %d elementos en mi array", count);

    [pool release];

    return 0;

}
```

Cuando se ejecuta, el programa imprime:

Hay 3 elementos en mi array

El programa siguiente es el mismo que el anterior, excepto que imprime el string almacenado en el índice 0 de la matriz. Para llegar a esta cadena, se utiliza el método **objectAtIndex:** [2,13].

//[2]

```objc
#import <foundation/foundation.h>

int main (int argc, const char * argv[])

{

NSAutoreleasePool *pool = [[NSAutoreleasePool alloc] init];

NSMutableArray *myArray = [NSMutableArray array];

    [myArray addObject:@"Primer string"];

    [myArray addObject:@"Segundo string"];

    [myArray addObject:@"Tercer string"];

    NSString *element = [myArray objectAtIndex:0];  // [2.13]

    NSLog(@"El elemento en el índice 0 en el array es: %@",
element);

    [pool release];

    return 0;

}
```

Cuando se ejecuta, el programa imprime:

El elemento en el índice 0 en el array es: Primer String

A menudo, usted tendrá que recorrer una matriz con el fin de hacer algo con cada elemento de la matriz. Para ello, puede utilizar una construcción de bucle, como en los siguientes ejemplos, donde el programa imprime cada elemento de la matriz junto con su índice:

```
//[3]

#import <foundation/foundation.h>

int main (int argc, const char * argv[])

{

NSAutoreleasePool *pool = [[NSAutoreleasePool alloc] init];

NSMutableArray *myArray = [NSMutableArray array];

    [myArray addObject:@"Primer string"];

    [myArray addObject:@"Segundo string"];

    [myArray addObject:@"Tercer string"];

    int i;

    int count;

    for (i = 0, count = [myArray count]; i < count; i = i + 1)

    {

        NSString *element = [myArray objectAtIndex:i];

        NSLog(@"El elemento en el índice %d en el array es: %@",
i, element);
```

```
        }

    [pool release];

    return 0;

}
```

Cuando se ejecuta, el programa imprime:

El elemento en el índice 0 en el array es: Primer string

El elemento en el índice 1 en el array es: Segundo string

El elemento en el índice 2 en el array es: Tercer string

Tenga en cuenta que las matrices no limita el contenido de cadenas. Pueden contener cualquier objeto que desee.

Las clases **NSArray** y **NSMutableArray** proporcionan muchos otros métodos, y se le anima a mirar la documentación de estas clases, a fin de aprender más acerca de las matrices. Vamos a terminar este capítulo que habla sobre el método que le permite sustituir un objeto en el índice especificado con otro objeto. Este método se denomina **replaceObjectAtIndex:withObject:**.

Hasta ahora sólo hemos negociado con métodos que tienen como máximo un argumento. Esto es diferente, y es por eso que estamos viendo esto: coger dos argumentos. Usted puede decir su nombre porque contiene dos puntos. En Objective-C los métodos pueden tener cualquier número de argumentos. Así es cómo usted puede utilizar este método:

```
//[4]

[myArray replaceObjectAtIndex:1 withObject:@"Hello"];
```

Después de ejecutar este método, el objeto en el índice 1 es la cadena @**"Hello"**. Por supuesto, este método sólo debe invocarse con un índice válido. Es decir, no debe ser un objeto que ya está almacenado en el índice que le damos al método, para que el método sea capaz de sustituir en la matriz el objeto que se le pasa.

Como se puede ver, los nombres de métodos en Objective-C son como sentencias con agujeros en ellos (con el prefijo dos puntos). Cuando se invoca el método de rellenar los agujeros con los valores actuales, se crea una sentencia significativa. Esta forma de denotar los nombres de los métodos y la invocación de métodos proviene de Smalltalk y es una de las mayores fortalezas de Objective-C, que hace que el código sea muy expresivo. Cuando cree sus propios métodos, debe tratar de nombrarlos de manera que formen frases expresivas cuando los llame. Esto ayuda a que Objective-C tenga un código más legible, que es muy importante para mantener sus programas más fácilmente.

Acceso y propiedades

Introducción

Ya vimos que un objeto puede ser visible, como una ventana o un campo de texto; o invisible, como un **array**, o un **controlador** que responde a acciones en la interfaz con el usuario. Entonces que es exactamente un objeto?

En esencia, un objeto guardaa algunos valores (variables) y ejecuta algunas acciones (métodos). Un objeto tanto contiene como modifica datos. Un objeto puede ser imaginado como un pequeño ordenador, que envía y responde mensajes. Su programa es una red de esos pequeños ordenadores, con todos trabajando juntos para producir el resultado deseado.

Composición

El trabajo de un programador de Cocoa es crear clases que contienen un número de otros objetos (como cadenas, variables, etc…) para almacenar los valores de la clase que necesitará para hacer su trabajo. Algunos de estos objetos serán creados, utilizados y lanzados aparte dentro de un solo método.

Otros podrían necesitar enganchar alrededor para el tiempo de vida del objeto. Estos objetos son utilizados como variables de instancia o propiedades de la clase. La clase también puede definir métodos que trabajan en aquellas variables.

Esta técnica es conocida como composición de objetos. Tales objetos compuestos heredan directamente de **NSObject**.

Por ejemplo, la clase de un controlador de la calculadora podría contener como variables de instancia: una variedad de objetos de botón, y una variable de campo de texto para el resultado. También podría incluir métodos para multiplicar, sumar, restar y dividir números y mostrar el resultado en el GUI.

Las variables de instancia son declaradas en la interfaz header, en el archivo para la clase. El ejemplo de nuestra aplicación calculadora, la clase de controlador podría parecerse a esto:

```
//[1]

@interface MyCalculatorController : NSObject {

    //Instance variables

    NSArray * buttons;

    NSTextField * resultField;

}

//Methods

- (NSNumber *)mutiply:(NSNumber *)value;
```

```
- (NSNumber *)add:(NSNumber *)value;

- (NSNumber *)subtract:(NSNumber *)value;

- (NSNumber *)divide:(NSNumber *)value;

@end
```

Encapsulación

Uno de los objetivos de la programación orientada a objetos es la encapsulación: hacer que cada clase sea lo más autónoma y reutilizable posible. Y como usted recuerda, las variables están protegidas desde fuera de los bucles, funciones y métodos. La variable protegida va para los objetos también. Lo que significa esto es que otros objetos no podrán acceder a las variables de instancia dentro de un objeto, no están disponibles excepto para los métodos o para sí mismo.

Obviamente, a veces otros objetos necesitarán modificar las variables contenidas en un objeto. ¿Cómo lo harán?

Los métodos están disponles fuera de un objeto. Recuerde que para hacer esto tiene que enviar un mensaje a nuestro objeto para desencadenar ese método. Así que la manera de hacer que las variables de instancia estean disponibles es crear un par de métodos para acceder y modificar la variable de instancia. Estos métodos se conocen como métodos de acceso.

Anteriormente descubrimos el método **setIntValue:** de **NSTextField**. Este método es la contrapartida del método **intValue**. Juntos, estos son dos de los métodos de acceso de **NSTextField**.

Los descriptores de acceso

Entonces, ¿Cómo se ve esto en el código? Consideremos el siguiente ejemplo.

//[2]

@interface MiPerro : NSObject {

     NSString * _nombre; //[2.2]

  }

- (NSString *)nombre;

- (void)setNombre:(NSString *)value;

  @end

Esta clase define un objeto de interfaz: MiPerro. MiPerro tiene una variable de instancia string, llamado el _nombre [2,2]. Con el fin de ser capaz de leer o cambiar MiPerro Eso es _nombre, hemos definido dos métodos de acceso, nombre y setNombre:.

Hasta aquí todo bien. La implementación se parece a esto:

//[3]

@implementation MiPerro

- (NSString *)nombre {

  return _nombre; //[3.3]

}

- (void)setNombre:(NSString *)value {

    _nombre = value; //[3.6]

}

@end

En el primer método [3,3] se devuelve la variable de instancia. En el segundo método [3,6] se establecer la variable de instancia en el valor que se pasa. Tenga en cuenta que he simplificado esta aplicación para obtener una mayor claridad, por lo general incluirá las funciones para la gestión de memoria necesaria dentro de estos métodos. El ejemplo siguiente [4] muestra un conjunto más realista de acceso de:

```
//[4]

@implementation MiPerro

- (NSString *)nombre {

    return [[_nombre retain] autorelease];

}

- (void)setNombre:(NSString *)value {

    if (_nombre != value) {

        [_nombre release];

        _nombre = [value copy];

    }

}

@end
```

No voy a entrar en detalles sobre el código adicional aquí, pero se puede ver de un vistazo el mismo patrón que en [3], sólo que incluye las funciones de retener y liberar la memoria alrededor de él. Los diferentes tipos de valores requieren código de gestión de memoria diferente. Tenga en cuenta también que en la práctica se recomienda no utilizar un guión bajo antes de un nombre de variable de instancia, he utilizado uno aquí para mayor claridad. En el código podría simplemente llamar a la variable "nombre".

Propiedades

Leopard y Objective-C 2.0 introducen nuevas características del lenguaje para hacer frente a este modelo de programación más sencillo. La nueva característica de la que estamos hablando es de la adición de propiedades. Los descriptores de acceso son tan comunes que la bienvenida a este soporte lingüístico a nivel de código que puede resultar una cantidad significativamente menor de código. Y menos código significa menos código para depurar.

Entonces, ¿cómo son las propiedades de diferentes a las de acceso? Esencialmente, las propiedades sintetizan los accesores directamente, utilizando la gestión de memoria más eficiente y adecuadamente. En otras palabras, escriben los métodos de acceso para usted, pero en background, así que nunca verá el código.

Usando nuestro ejemplo [2], en Objective-C 2.0 podríamos escribir:

```
//[5]

@interface MiPerro : NSObject {

        NSString * nombre;

}

@property (copy) NSString *nombre;

@end
```

Y nuestra implementación sería el siguiente:

```
//[6]
```

```
@implementation MiPerro

@synthesize nombre;

@end
```

Que es lógicamente equivalente a [4]. Como puede ver, esto simplifica nuestro código un poco. Si la clase tiene muchas variables de instancia que requieren de acceso, se podrá imaginar lo que esto le facilita la vida.

Gestión de la memoria

Introducción

En un capítulo me he disculpado por no explicar algunas expresiones en los ejemplos. Estas expresiones manejan la memoria. Su programa no es el único programa en su Mac, y la memoria RAM es un bien muy valioso. Así que si su programa no necesita más que un pedazo de la memoria, deberá devolverla al sistema cuando cierre su aplicación. Cuando tu madre te decía que tiene que ser educado y vivir en armonía con la comunidad, le estaba enseñando a programar! Incluso si su programa era el único en funcionamiento, si no libera su programa y el equipo trabajará cada vez más lento.

Recolección de Basura

Las técnicas de gestión de memoria usadas por Cocoa e introducidos más tarde en ese capítulo son conocidos como Cuenta de Referencia (Reference Counting). Usted encontrará explicaciones completas sobre la gestión de memoria del Cocoa.

Mac OS X 10.5 Leopard presenta una nueva forma de gestión de memoria para Objective-C 2.0, conocido como Cocoa Garbage Collection. La recolección de basura de Cocoa gestiona la memoria automáticamente, eliminando la necesidad de retener de forma explícita, liberar o autoliberar Cocoa.

El recolector de basura funciona en todos los objetos Cocoa que se heredan desde **NSObject** o **NSProxy**, y permite al programador escribir simplemente menos código que con las versiones anteriores de Objective-C. No hay mucho más que decir al respecto, en la práctica. Olvida todo lo que has aprendido en este capítulo!

Habilitación de Recolección de Basura

La recolección de basura es necesario que estea habilitada, ya que está desactivado por defecto en un nuevo proyecto Xcode. Para activarla, seleccione la aplicación de destino en la lista Origen, y abra el inspector. Ponga una marca de verificación junto a la opción "**Enable Objective-C Garbage Collection**". Tenga en cuenta que el vínculo en su proyecto debe ser también un recolector de basura.

Recuento de referencia: El ciclo de vida del objeto

Cuando el programa crea un objeto, el objeto ocupa un espacio en la memoria y tiene el espacio libre de cuando el objeto ya no se utiliza. Es decir, cuando el objeto ya no se utiliza, debe de ser destruido. Sin embargo, determinar cuándo un objeto se acabó o si sigue siendo usado puede no ser fácil de determinar.

Por ejemplo, durante la ejecución del programa, el objeto puede ser referenciado por muchos otros objetos, y no deben de ser destruidos Por lo tanto, siempre puede que exista una posibilidad de que pueda ser utilizado por otros objetos, y si intenta utilizar un objeto que ha sido destruido puede hacer que el programa se bloquee o se comporte de forma inesperada.

La cuenta de retención

Con el fin de ayudarle a destruir objetos cuando ya no son necesarios, Cocoa asocia un contador con cada objeto, que representa lo que se llama el **"retain count"** del objeto. En el programa, cuando se almacena una referencia a un objeto, hay que dejar que el objeto sepa que se incrementará su **retain count** en uno. Cuando se quita una referencia a un objeto, el objeto debe de saber de se va a disminuir su **retain count** en uno. Cuando la retain count de un objeto es igual a cero, el objeto sabe que ya no hace referencia a ninguna parte y que puede ser destruido de manera segura. El objeto se destruye a sí mismo y libera la memoria asociada.

Por ejemplo, supongamos que su aplicación es un jukebox digital y que tiene objetos que representan las canciones y listas de reproducción. Supongamos que, en una canción dada, el objeto hace referencia a tres objetos de listas de reproducción. Si no se hace referencia a otro lugar, su objeto canción tendrá una **retain count** de tres.

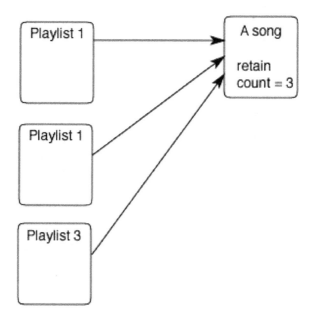

Un objeto sabe cuántas veces hace referencia, gracias a su **retain count**

Retener y liberar

Con el fin de poder aumentar el retain count de un objeto, todo lo que tienes que hacer consiste en enviar el objeto al mensaje de retener.

[unObjeto retain];

Con el fin de disminuir el retain count de un objeto, todo lo que tienes que hacer consiste en enviar el objeto al mensaje de liberación.

[unObjeto release];

Autorelease

Cocoa también ofrece un mecanismo denominado **"pool autorelease"**. Lo que le permite enviar un mensaje retrasado para liberar un objeto, no de inmediato, pero en un momento posterior. Para usarlo, sólo hay que registrar el objeto, para ello se llama a un **pool autorelease,** mediante el envío de su objeto al mensaje autoreleased.

[unObjeto autorelease];

El **pool autorelease** se encargará de enviar el mensaje de liberación retardada a su objeto. Las declaraciones que se ocupan de las pool autorelease que hemos visto anteriormente en nuestros programas son instrucciones que le damos al sistema con el fin de configurar correctamente la maquinaria del pool autorelease.

Más Fuentes de Información

El modesto objetivo de ese libro era enseñarle a usted lo básico de Objective-C en el ambiente Xcode. Si usted leyó este libro dos veces, y probó los ejemplos con sus propias variaciones, está listo para aprender cómo escribir las increíbles aplicaciones que usted está pensando en crear. Ese libro le dio a usted conocimiento suficiente para resolver problemas rápidamente. Como usted consiguió llegar a ese capítulo, ya está listo para explorar otros recursos, y los mencionados más abajo, realmente merecen su atención. Un consejo importante antes de comenzar a escribir sus códigos: No comience inmediatamente, busque frameworks, porque Apple ya puede haber hecho el trabajo por usted, o sumistrar clases que requieren poco trabajo para que usted haga lo que quiere hacer. Puede que alguien ya haya hecho lo que usted necesita, y dejó su el código fuente disponible para otros programadores. Entonces, economice su tiempo mirando la documentación y haciendo búsquedas en internet. Su primera visita debe ser a la web de desarrolladores de Apple en: http://developer.apple.com.

CONCLUSIÓN

Objetive-C, junto con XCode nos proven de todas las funciones necesarias para que podramos desarrollar aplicaciones de todo tipo para los dispositivos iPhone.

La llegada del iPhone ha supuesto toda una revolución para el mundo de la programación, ya que gracias a su funcionalidad y a su diseño gráfico exquisito, ha conseguido que Apple pase a ser una marca de consumo para compradores habituales, mientras que años atrás, era básicamente una marca muy orientada a los profesionales, tanto de la información como a los profesionales que se dedican a la multimedia (video, audio, etc...).

Este hábito de consumo ha conseguido poner de moda la programación de dispositivos táctiles, tales como tablets PC, dispositivos móviles, tanto con los diversos sistemas de Apple como con otros sistemas operativos de otras compañías, como Android de Google o Windows Surface de Microsoft.

¿Por qué tiene importancia el impacto del iPhone en mundo de los consumidores habituales?

Por una sencilla razón: construir software no es una tarea fácil, pero gracias a que millones de personas poseen el iPhone, y que la manera "oficial" de conseguir el software es por la AppStore de Apple, nuestras aplicaciones estarán disponibles para un Mercado de millones de potenciales consumidores, con lo cual nos da un posibilidad enorme de rentabilizar nuestro software, cosa que antes sería casi imposible.

Más aún, aprendiendo con mayor profundad el Objective-C le dotará de la capacidad de desarrollar aplicaciones tanto para iPhone, como para iPad, como para los Sistemas Mac OS X, con lo cual amplía su Mercado potencial de una manera muy extensa.

No duden en publicar sus aplicaciones en la AppStore y en promocionarlas, hay un gran futuro en este Mercado. Apple ya se ha convertido en una empresa de gran consumo, lo cual ha incrementado de manera exponencial el número de usuarios, en detrimento de Windows y Linux, además, los usuarios de los productos Apple, estadísticamente, son los que más compran y los que más gastan por compra, lo cual lo hace más interesante todavía.

BIBLIOGRAFÍA

Para la realización de este libro se han leído, consultado y contrastado información con las siguiente Fuentes:

Libros

Objective-C, escrito por *Saulo Arruda*

Programación con Objective-C, escrito por **Stephen G. Kochan**

Become an Xcoder, escrito por *Bert Altenberg, Alex Clarke y Phillip Mougin.*

Artículos

"Cocoa: Volume 5 of Developer Reference Apple Developer Series", de *Richard Wentk.*

"Desenvolvimento de Aplicativos Mobile para iOS", escrito por *Saulo Arruda*

"Programación para iPhone", escrito por *Miguel Rebollo.*

Páginas web

http://developer.apple.com

http://wikipedia.org

Autor: Miguel Ángel G. Arias

ISBN: 978-1490472911

ÍNDICE DE CONTENIDOS

Hay tres formas en las que esta sintaxis puede ser un poco más compleja. En primer lugar, pueden tener argumentos, en segundo lugar, pueden estar anidados, y tercero, que pueden ser una llamada a uno de unos receptores diferentes. Por ejemplo:, 132

www.ingramcontent.com/pod-product-compliance
Lightning Source LLC
Chambersburg PA
CBHW071410050326
40689CB00010B/1822